职业院校干部
管理与培养

韩英 著

化学工业出版社

·北京·

内容简介

本书对职业院校干部管理与培养进行了研究。对国内外高校干部管理与培养的经验进行了详细分析，对国外不同国家高校干部管理的发展情况以及我国高校干部管理与培养的具体情况进行了研究；并阐述了职业院校干部管理与培养的现状，指出了我国职业院校干部管理与培养的现实情况以及存在的问题；重点探索了职业院校干部管理与培养的对策。

本书可供职业院校干部管理与培训使用，也可供对职业院校干部管理与培养进行研究的学者参阅。

图书在版编目（CIP）数据

职业院校干部管理与培养/韩英著.—北京：化学工业出版社，2022.6
ISBN 978-7-122-41737-4

Ⅰ.①职… Ⅱ.①韩… Ⅲ.①职业教育—干部管理—研究—中国 Ⅳ.①G717.23

中国版本图书馆 CIP 数据核字（2022）第 104016 号

责任编辑：杨松淼　　　　　　　　装帧设计：张　辉
责任校对：宋　夏

出版发行：化学工业出版社（北京市东城区青年湖南街 13 号　邮政编码 100011）
印　　装：北京天宇星印刷厂
710mm×1000mm　1/16　印张 11 1/4　字数 200 千字　2023 年 1 月北京第 1 版第 1 次印刷

购书咨询：010-64518888　　　　　　售后服务：010-64518899
网　　址：http://www.cip.com.cn
凡购买本书，如有缺损质量问题，本社销售中心负责调换。

定　　价：49.80 元　　　　　　　　　　　　　　　　版权所有　违者必究

前　言

习近平总书记强调："培养选拔年轻干部，事关党的事业薪火相传，事关国家长治久安。"对职业院校而言，干部队伍是学校改革发展的中坚力量，可以带动学校的改革发展。因此，提升干部的政治地位，加强干部的管理与培养，对组建高水平的干部队伍具有重要作用。然而，对于职业院校的一些干部来说，他们在任职过程中仍然存在一些问题，因此需要职业院校搭建干部管理与培养的平台，对干部进行人文关怀，帮助具有困惑的干部走出困境，使他们尽快转换角色，不断提升自己的管理水平，从而在工作岗位上做出突出成绩，为职业院校的发展贡献自己的力量。

职业院校作为培养人才的摇篮，担当着重要的育人责任。因此，职业院校的干部管理和培养也成为热议的焦点。首先，从资源角度来说，职业院校的干部手中具有一定的行政和财政权力，如果对干部管理不善的话，不利于资源的分配和利用。因此，对干部的任用和培养必然要经过一定的评选，从而使职业院校的各项工作能够正常开展，充分发挥职业院校资源价值的最大化。其次，从社会角度来说，职业院校干部对社会公平公正也具有一定的影响。如果职业院校不按照规定办事，也会间接破坏社会中的公平。再次，从经济角度来说，职业院校干部对经济发展也会产生一定的影响。职业院校干部直接作用于学校工作的开展，他们的素质和能力对教育产生很大的影响。如果职业院校干部不能清正廉洁，则会对公共利益造成损失。最后，从政治角度来说，职业院校干部对维护国家稳定起到重要作用。职业院校干部行使的公共权力，应该服务于公共利益，如果带着其他不良目的，则会影响政治稳定。因此，职业院校干部管理与培养是十分重要的，只有不断加强职业院校干部的管理和培养,才能使干部正确行使公共权力,建设更好的职业院校。

干部在工作中,应该具备忠诚的职业素养、严格的工作原则,在发挥职能过程中,充分实现自己的价值。着眼于职业院校的发展,我国许多职业院校已经开始调整自己的人才培养方向。对于干部来说,具有一个自由宽松的教育和培训氛围,对干部的成长具有重要作用。职业院校领导者在对干部队伍进行管理的过程中,不仅需要从宏观出发,还要把控细节,完善学校的教学培养条件,加强对全校党员干部的管理和监督,帮助党员干部树立正确的人生观、世界观和价值观,使职业院校获得良好发展。在此背景下,本书对职业院校干部管理与培养的有关问题进行了研究。

由于本书涉及的研究内容较多,资料收集工作繁杂,加之作者水平有限,书中难免存在不足之处。恳请各位专家、学者批评、指正。

著者

2021 年 9 月

目 录

第1章 绪 论 ………………………………………………………………… 1
  1.1 研究背景与意义 ………………………………………………………… 1
    1.1.1 研究背景 …………………………………………………………… 1
    1.1.2 研究意义 …………………………………………………………… 2
  1.2 研究内容及方法 ………………………………………………………… 8
    1.2.1 研究内容 …………………………………………………………… 8
    1.2.2 研究方法 …………………………………………………………… 9

第2章 干部管理与培养的相关概念及理论概述 ………………………… 11
  2.1 相关概念界定 …………………………………………………………… 11
    2.1.1 职业院校的概念 ………………………………………………… 11
    2.1.2 干部的界定 ……………………………………………………… 12
    2.1.3 干部管理的概念 ………………………………………………… 15
  2.2 相关理论概述 …………………………………………………………… 15
    2.2.1 干部管理理论 …………………………………………………… 15
    2.2.2 激励与选拔理论 ………………………………………………… 22

第3章 国内外高校干部管理与培养经验借鉴 …………………………… 34
  3.1 国外高校管理人才培养的启示 ………………………………………… 34
    3.1.1 西方大学管理人员的职业变迁 ………………………………… 34
    3.1.2 国外高校管理人员管理与培养的发展状况 …………………… 51

3.1.3 推进我国高校干部队伍管理与培养的启示……………… 55
　3.2 国内高校干部管理与培养的启示……………………………… 70
　　　3.2.1 我国高校管理人员身份地位的演变过程………………… 70
　　　3.2.2 高校管理干部培训的历史分析…………………………… 73
　　　3.2.3 从我国高校干部教育与培养中获得的启示……………… 80

第4章 职业院校干部管理与培养的现状分析 ………………………… 82
　4.1 现状………………………………………………………………… 82
　　　4.1.1 知识结构不合理、学历层次不高………………………… 82
　　　4.1.2 重视度和认识度不够，干部的素质和责任不符………… 83
　　　4.1.3 管理效率不高，管理机制欠缺…………………………… 83
　　　4.1.4 队伍不稳、存在感缺失…………………………………… 84
　　　4.1.5 职业院校干部贪污腐败状况……………………………… 84
　　　4.1.6 职业院校干部管理的重要性……………………………… 85
　4.2 存在的问题分析…………………………………………………… 87
　　　4.2.1 职业院校干部选拔任用问题……………………………… 87
　　　4.2.2 职业院校干部教育培训问题……………………………… 92
　　　4.2.3 职业院校干部管理组织与监管问题……………………… 96

第5章 职业院校干部管理与培养的对策 …………………………… 101
　5.1 管理理念…………………………………………………………… 101
　　　5.1.1 树立长远的人才战略……………………………………… 101
　　　5.1.2 树立终身学习理念………………………………………… 117
　5.2 选拔制度…………………………………………………………… 119
　　　5.2.1 坚持职业院校干部选拔任用原则………………………… 119
　　　5.2.2 完善职业院校干部选拔任用制度………………………… 123
　5.3 培养制度…………………………………………………………… 140
　　　5.3.1 加强组织领导，建立和完善干部培训工作责任制 …… 140
　　　5.3.2 完善相关制度，建立干部教育培训长效机制 ………… 141
　　　5.3.3 健全投入机制，加强干部教育培训基地建设 ………… 143

5.4 激励制度 …………………………………………………………… 144
　　5.4.1 建立青年干部人才库,选拔培养高精人才 …………… 144
　　5.4.2 建立科学合理的激励机制 ……………………………… 144
　　5.4.3 使用科学的激励策略和方法 …………………………… 147
　　5.4.4 帮助个人进行职业生涯管理 …………………………… 155
5.5 其他对策 …………………………………………………………… 162
　　5.5.1 加强理想信念教育 ……………………………………… 162
　　5.5.2 进行科学管理 …………………………………………… 164
　　5.5.3 加强职业院校组织本身的合理化建设 ………………… 165

参考文献 ……………………………………………………………… 170

第 1 章 绪 论

职业院校干部作为青年一代的优秀群体，承担着国家发展、社会进步的重任，职业院校干部管理与培养的重要性不言而喻。为了充分培养职业院校干部，挖掘内在需求，职业院校需要对干部群体的背景进行分析，了解职业院校干部管理与培养的内容，通过科学的研究方法，对职业院校干部管理与培养进行研究。

1.1 研究背景与意义

1.1.1 研究背景

习近平总书记在党的十九大报告中，绘就了走进新时代、肩负新使命、开启新征程的宏伟蓝图，提出了新时代建设高素质专业化干部队伍的目标，明确了干部队伍建设的重要地位、重大原则、基本要求和重点工作，为加强高职院校干部队伍建设指明了方向，提供了遵循。国家优质高职院校建设的启动和实施，吹响了中国高等职业教育高质量发展的号角，为高职院校建设发展指明了新方向，提出了新要求，也决定了职业教育新一轮的竞争和洗牌已经拉开帷幕。

政治路线确定之后，干部就是决定的因素。高职院校各级干部肩负着重要的岗位职责，处于承上启下的重要桥梁和纽带位置，是促进学校建设发展的中坚力量。学校形成的规划决策，必须通过干部的理解执行、宣传动员、组织协调、对口负责、分类指导、检查督促等，才能真正贯彻落实到位。因此，干部是否称职，不仅关系到干部个人的事业成败，更关系到整个学校事业的成败。高职院校各级干部必须要正确面对和敢于承担、善于承担自己肩上的政治责任、发展责任、管理责任和服务责任，按照强政治、明大势、懂产业、重质量的要求，在学校高质量发展中做出应有的贡献。

目前，高职院校干部队伍与职业教育高质量发展仍存在不相适的地方。

一是创先争优、追求卓越的意识和动力不足。在国家优质高职院校建设背景下，高职教育发展日新月异。对于发展而言，不进就是退、缓进也是退。高职院校在长期的办学过程中，积淀了深厚的底蕴，取得了丰硕的成果，但也背上了沉重的包袱，形成了强烈的发展路径依赖和思维惯性，不能根据新的形势发展与时俱进研究确定新的战略目标和实施路线。部分高职院校中层干部在解放思想上迈不开步子，敝帚自珍、因循守旧甚至抱残守缺，对工业4.0、中国制造2025的认识不足，对新形势下如何建设专业、如何培养人才研究不够。

二是谋大事、干大事、全力把大事干成的精神和气魄不足。近几年，高职教育生态和专业建设生态发生了很大变化，需要研究解决的新情况、新问题越来越多，决策难度越来越大。但部分高职院校的干部依然习惯于"拍脑瓜子""开老方子"，无法为事业发展作出长远规划。谋大事、干大事，落脚点是"干"，有了很好的谋划，还必须有扎实的工作，看准的事要"咬定青山不放松"，一抓到底，抓出实效。但部分高职院校干部依然习惯于"会开过了就等于工作布置了，报告交上了就等于工作完成了"的老套路，长此以往，既影响了事业发展，又降低了组织和干部在师生中的形象。

三是部分干部的综合素质与国家优质高职院校建设要求有差距。高职院校部分干部存在知识空白、经验盲区、能力弱项、知识老化却不愿意刻苦学习、钻研业务的问题；部分干部紧扣全局、服务整体的意识不够，欠缺融合发展、共享共赢的思维，欠缺将个人发展置于学校发展大局的集体意识和大局观念；部分干部眼界不宽，在工作中不能自觉克服专业出身对自己决策的影响，不能站在学校发展的大局中考虑问题。因此，高职院校精准对标国家优质高职院校建设目标和要求，全面优化干部队伍建设，努力建设一支与国家优质高职院校建设目标任务和层次水平相适应的高素质干部队伍，是摆在高职院校面前的一项极其重要而迫切的任务。

1.1.2 研究意义

教育是国家兴旺发达的根本。高素质专业人才是社会生产的核心力量，高等教育已成为国家科技进步、经济发展的主要推动力，并已成为个人、家庭、单位、国家人力资本主要的投资方式。中华人民共和国成立后，我国高等教育事业的发展，与国家的经济社会发展同行同向、同频共振，特别是当前我国GDP总量已经位居世界第二，不能不说这和我们国家的高等教育事业发展息息相关。但是由于我国人口众多，幅员辽阔，各地经济发展不平衡，人均国内生产总值仍处于较低水平。除此之外，我国经济发展一直存在较为粗放这一弊端，容易导致环境污染，造成资源浪费。这种粗放型发展方式已经难以为继。因此，提高发展质量至关重要，这就要求我们重视科技与教育，推动创新发展。为此，我国坚定实行科教兴国和人才强国战略，从国家层面实施"211工程"和"985工程"，重点建设若干所世界一流大学和一批高水平研究型大学，在这些重点大学中突出办学特色，建设一批世界一流重点学科，让中国高等教育在世界上占有一席之地，从而为国家培养出大量顶尖人才，创造世界一流科技成果。这些成绩的取得，也和高校各级领导干部的辛勤工作分不开。大学不仅要有大楼、大师，更要有高素质的领导干部。

戴维·麦克利兰发表《测量胜任力而非智力》一文后，世界上掀起了研究胜任素质的热潮。此后，国内外学者在差异心理学、教育与行为学、工业与组织心理学、人力资源管理学等领域对胜任素质进行了大量的理论和实证研究，取得了较为丰富的研究成果。但从我国的研究情况来看，目前国内对于胜任素质的研究只处于起步与借鉴阶段，且研究对象集中在企业与政府两个组织体上，对事业单位尤其是职业院校的相关理论研究甚少。我们在加强党对教育事业全面领导的视阈下研究职业院校领导干部的胜任素质，对于职业院校发展和职业院校领导干部的成长有着重要的现实意义和研究价值。

1.1.2.1 全面贯彻落实党的教育方针迫切需要加强职业院校领导干部管理水平的建设

教育方针（Guiding Principle for Education）是指一个国家或政党在一定历史阶段提出的有关教育工作的总的方向和总指针。它是教育基本政策的总概括，是确定教育事业发展方向、发展战略的总纲。教育是国之大计、党之大计。我们国家的教育方针是党的教育方针，体现了中国特色社会主义的性质。

2018年9月10日，习近平在第五次全国教育大会上进一步强调："在党的坚强领导下，全面贯彻党的教育方针，坚持马克思主义指导地位，坚持中国特色社会主义教育发展道路，坚持社会主义办学方向，立足基本国情，遵循教育规律，坚持改革创新，以凝聚人心、完善人格、开发人力、培育人才、造福人民为工作目标，培养德智体美劳全面发展的社会主义建设者和接班人，加快推进教育现代化、建设教育强国、办好人民满意的教育。"习近平站在新时代党和国家事业发展全局的高度，深刻总结了我国教育事业改革发展取得的显著成就，深入分析了教育工作面临的新形势、新任务，科学回答了关系我国教育现代化的重大问题，为加快推进教育现代化、建设教育强国、办好人民满意的教育指明了前进方向，提供了遵循。

贯彻落实党的教育方针，是党对职业院校全面领导的首要任务。近年来党中央和省市巡视组向职业院校反馈的问题中，首要一条就是党的领导弱化，贯彻党的教育方针不全面、不到位。具体表现为以下几点。

（1）有的职业院校对党的教育方针的内涵和地位认识不清，在制定学校教育事业发展规划、推动教育改革方面违背了党的教育方针，办学方向出现偏差。

（2）有的职业院校教育观念落后，不是单纯强调知识传授，就是全盘照搬西方的教育方式。

（3）有的职业院校片面强调升学率和就业率，忽视了学生的能力素质培养。

（4）有的职业院校只重视学生的学习成绩评价，忽视对学生思想道德素质、审美情操等综合能力的评价。

更严重的问题是：有的职业院校放松了党对意识形态的领导权，只重视培养社会主义的建设者，而忽视培养社会主义的接班人。这些问题不一而足，都说明我们要确保党的教育方针得到全面贯彻落实，就必须有一支政治坚定、能力高强、道德优良的职业院校干部队伍，这是职业院校建设发展的关键因素。而建设一支过硬的职业院校干部队伍，就必须下大力气研究和提升职业院校干部队伍的素质。职业院校承担着为中华民族伟大复兴培养人才的历史使命，职业院校干部素质的高低决定着能否真正担起这一历史重任。

研究职业院校干部的素质，既可以进一步提高他们的能力素质，又有利于加快现代化教育的步伐，全面正确地贯彻落实党的教育方针。

1.1.2.2　提高职业院校教育质量迫切要求提升职业院校干部的职业素质

中国高等教育事业经过几十年的发展，已经逐渐进入大众化教育阶段。据国家统计局统计，2020年我国普通本专科在校生为3285万人。这是我国基础教育事业不断发展的结果，也是高校不断扩招的结果。但是，不断扩招也导致了职业院校的教学质量有所下降，特别是一些地方职业院校存在教育经费不足、学校定位不清晰、学科结构失调、教师资源匮乏、生源质量下降等问题。这些问题的产生除客观原因外，也和一些职业院校干部的领导素质有很大关系。

解决职业院校所面临的问题是十分复杂的系统工程，具体包括以下几点。

(1) 应当树立正确的教育质量观，将教育质量放在首位。

(2) 应当科学地谋划，办学定位不能好高骛远。

(3) 应当多渠道筹措资金，不能仅仅依靠政府的财政投入。

(4) 应当实行全面的内部管理和保障制度等，确保教育质量的稳步提高。

这些都需要职业院校干部精心谋划、科学领导。目前，国家要求职业院校从着力扩大办学规模转变为着力提高教育质量，实现从规模到质量的转变。从本质上说，提高教育质量是教育工作永恒的主题，只有培养出大量人才，才能够不辜负教育者的神圣称谓。事实上，高等教育规模的扩大是相对容易的，只要国家政策允许，扩大招生规模并不是难事。但提高教育质量却不是一件简单的事，还与社会其他方面的发展息息相关，不仅关系到职业院校自身的发展，也关系到整个社会经济的发展。只有提高了高等教育的水平，才能为社会主义现代化建设提供更多的人才。这就对职业院校干部提出了更高的要求。加强职业院校干部的职业素质建设，为其职业工作提供尺度和标准，矫正其工作中的不足，进而提升其综合领导与管理能力，是提高职业院校干部胜任素质有效的路径和方法。

职业院校干部的能力素质建设一直是学术界比较关注的问题。随着我国社会经济的不断发展，新课程改革的加速推进，职业院校干部应该成为政治家、教育家这种复合型领导者的呼声越来越高。职业院校作为人才培养的摇篮、高等教育的实施场所，其教育目的不仅仅在于传授给学生基础知识和基本技能，还在于唤醒每一个人的人性，把学生培养成真正的人、完整的人，成为社会主义的建设者和接班人，这是职业院校的精神体现和价值追求。职业院校干部处于学校管理系统的领导地位和枢纽地位，其自身拥有的权力与内在素质成为一所学校不断发展、超越的重要前提。职业院校干部是否能领导好学校和发展好学校，发挥学校的"灵魂"作用，取决于职业院校干部职业素质的高低。职业院校干部的职业素质有多方面表现，在加强党对教育事业全面领导视阈下，职业院校干部的政治素质是核心素质。同时，人才培养工作是职业院校的中心工作，领导人才培养工作的职业素质必然是非常重要的核心能力，是职业院校干部工作区别于其他管理工作的主要因素，也是衡量职业院校干部专业化水平的根本指标。因此，研究探索加强职业院校干部职业素质，对于推动职业院校干部队伍建设，进一步提高职业院校教育质量具有重要的意义。

1.1.2.3 加强职业院校干部队伍建设迫切需要提升职业院校干部的职业素质

现阶段我国职业院校的显著特点是办学规模大、形式多、层次多，育人、科研、社会服务的任务重。这就要求各个职业院校充分发挥自身优势，多角度发掘办学资源，多渠道争取办学经费，积极加入激烈的竞争。目前不得不重视的一个问题是办学资源正在向办学实力强的职业院校集聚，校际差距越拉越大，这就为某些职业院校的发展带来了挑战。同时，职业院校办学的民主化程度日益提高，无论是学生还是教师，都拥有较强的民主意识，对自己的权利提出了较高的要求，这样职业院校干部面临的校内和校外的压力都非常大。这种教育发展的新常态，对职业院校干部职业素质的要求也越来越高。当前，国内职业院校的办学指导思想已从片面追求办学规模的扩张，转变为大力推进内涵式发展，提高办学水平。这一变化要求职业院校干部不但要更加精通现代大学管理规律和科技发展规律，还要对人才成长规律、教育规律有更深入的研究。因此，职业院校教育的健康发展迫切需要积极探索构建职业院校干部的职业素质模型，为我国职业院校干部队伍的建设起到指导作用。

职业院校干部虽然有一部分是专门从事管理工作的干部，但更多的是在教学、科研岗位上逐步成长起来的教师，他们中的大多数都在自己的专业学科上取得了优异成绩，有的职业院校干部甚至是两院院士。但是他们中的不少人对学校管理工作并不是很熟悉，也并未全身心地投入学校管理工作，个别人甚至欠缺领导能力。我们必须承认，学历代表不了领导能力，专业造诣也不等于管理水平。尤其目前，不少职业院校干部在担任学校管理工作之外，还继续承担着繁重的科研和教学工作。这种"双肩挑"专家担任职业院校干部后，更难以腾出较多精力钻研管理。繁重的职业院校管理任务要求职业院校干部不仅是出色的教育家与学者，还要是政治家与领导者，这就迫切要求提升职业院校干部的职业素质。

目前，我国职业院校干部的领导效能存在一些偏离，如教学本性的偏离、师生与学校管理满意度的偏离、社会对办学成效满意度的偏离等，这也从侧面反映了职业院校干部队伍所存在的问题。经过考察，不难发现，这些问题除了受职业院校管理体制的制约，根本原因还是职业院校干部办学理念的僵化、自身领导能力的欠缺。只有大力提升职业院校干部的职业素质，才能从根本上提高职业院校建设与发展的水平。与此同时，职业院校干部作为党政干部队伍的重要组成部分，对其进行职业素质的研究，一方面可以为选拔高素质人才提供客观依据，健全职业院校干部的考核机制；另一方面可以对干部的业务素质、岗位职业素质和工作绩效进行客观评定，为加强职业院校干部队伍建设提供理论支持。

从培训工作现状看，干部培训工作还存在许多急需改进的问题。

一是认识不够到位。如有的人认识到培训工作重要，但因工作繁忙没有时间参加培训；有的干部认为工作、业务是实的，学习培训是虚的，教育培训工作搞不搞都行，没有什么实际作用，浪费时间和精力。有的干部借口工作忙、任务重，不愿意参加政治、业务方面的学习培训。

二是教育培训设计滞后、渠道单一、形式单调，理论脱离实际，针对性、实用性、创新性不强。目前，干部教育培训渠道主要是各级党校和教育系统培训中心，但人数有限，大规模培训干部难以做到。由于受一些条件制约，干部教育培训形式一般仍采取集中辅导、分组讨论、个人撰写论文和心得体会等传统方式，效果不太理想。有时学习理论与工作联系不够、无法解决实际问题，影响到干部学习的积极性。

三是工学矛盾比较突出，教育培训效果堪忧。实践证明，干部参加脱产学习培训，时间得以保证，效果比较明显。但在职参加教育培训，由于工作忙、任务重，难以做到保证出勤、保证时间，学习培训效果不够理想。现实中的确存在这样的现象：关键岗位的干部忙于工作长期透支知识和能力，却不能被委派接受必要的学习培训；而一些单位里相对清闲的干部则可能成为完成上级培训指标的"学习专业户"。

综上所述，面对新时代的新形势、新任务，对干部的理论素养、知识水平、业务本领和领导能力提出了新的更高要求，加强干部的学习和教育培训工作比以往任何时候都更为重要和迫切。

1.2 研究内容及方法

1.2.1 研究内容

本书基于烟台市社会科学规划研究项目：高职院校干部队伍建设研究（项目批准号：ytsk2017—R—020），对党的十八大以来，国家和山东省密集出台的加快发展现代职业教育、推动职业教育高质量发展等文件进行详细分析，在系统分析高职院校干部队伍建设意义和存在问题的基础上，总结了烟台职业学院干部队伍建设的有关做法，形成高职院校干部队伍建设的"烟职方案"，进而对全国的职业院校干部的管理与培养提供一定的借鉴。

本书研究内容主要包括五个部分。

第一部分是课题研究的背景和意义，并提出了研究内容和研究方法。

第二部分是干部管理的基本概念与有关理论，通过概念解读与理论分析，使读者识别职业院校干部管理与培养的基础，并对干部管理与培养的理论支持有一定的了解。

第三部分是国内外高校干部管理与培养的经验分析，通过对国外不同国家职业院校干部管理的发展情况以及我国职业院校干部管理与培养的具体情况进行研究，旨在为我国职业院校干部管理与培养提供一定的启发，从而健全我国职业院校干部管理与培养的机制。

第四部分是职业院校干部管理与培养的现状分析，详细分析了我国职业院校干部管理与培养的现实情况以及其中存在的问题。

第五部分是职业院校干部管理与培养对策，在前面章节对职业院校的问题进行分析的基础上，本章提出了一些切实可行的对策，从而为我国职业院校干部管理与培养提供一些方法、机制、策略等，使我国职业院校干部管理与培养能够得到更加科学的指导，促进我国职业院校建设高水平的干部队伍。

1.2.2 研究方法

1.2.2.1 文献研究法

文献研究法是指针对研究课题，经过对相关资料的查阅、整理、分析等工作后，了解到现阶段的研究状况并从中发现问题的研究方法。本书以中国学术期刊全文数据库（CNKI）为文献检索平台，通过检索关键词"高职干部管理"检索出591条文献，通过检索关键词"高职干部培养"检索出546条文献，通过检索关键词"高职领导干部"检索出213条文献。经过有针对性的选择，选取与职业院校党政干部管理与培养相关的论文作为本书"管理与培养"指标的原始材料，并对这些材料进行分析。

1.2.2.2 行为事件访谈法

行为事件访谈法主要通过对样本的详细探究，收集样本在职期间所做的各类成功与否的事件，深层次地汇总出影响样本绩效的细节行为，从而归纳出岗位的胜任特征，其访谈过程包括描述概述、参与人汇总、实际行为起用方式、单体访谈后感受、结果导向五个基本要素，以及被访问者对于整体事件的讲述。主导人按照访谈的整体大纲，引导被访问者对职业院校干部所应具备的能力素质进行自由开放的探讨，并对访谈结果进行整理分析。

行为事件访谈法是一种开放回顾式调查法，主要以"统觉测验"为主要技术方式，通过对访谈样本信息的收集、汇总，提取不同等级绩效分类的样本事件，挖掘出影响目标岗位绩效的细节行为。在具体落实并实施的过程中，循序渐进地引导访谈样本描述出其实际经历中各种成功与失败的3~5个案例，具体描述整个事件的内容、起因和经过、背景和发生的原因、访谈样本在整个事件中自己的处理方式以及遇到棘手问题时的解决方案与思路、在成功背后借助了谁的支持和帮助（或需要谁的帮助）、利用的应急预案和最后得到的效果、事件结束后自身的感受等。最后，根据胜任素质整体要求评比标准，分析整个访谈的具体内容，对比整场访谈样本中优秀者与一般者所展示出的胜任条件差异，确定干部管理与培养的要素。

行为事件访谈法能够高效、快速地发掘到不易被访谈样本自身发现的深层胜任素质要素，并且由于在访谈进行之前就确定好了绩效分组标准，所以有着较强的可信性以及实效性。这些优点使行为事件访谈法成为现在公认的最有效的建模方式。但是在进行行为事件访谈时有许多困难。

第一，如果访谈样本以及访谈的执行者专业素质不够，那么将会导致访谈无法得到准确的结果，所以采用行为事件访谈法时对执行者的要求很高。

第二，在对访谈的整体记录进行梳理，从而提炼干部管理与培养的因素，由于干部管理与培养会受到各种各样环境情景的影响，因此并没有一个特定的评价标准。采用行为事件访谈法进行建模时，评判整体指标的便是绩效优异者与绩效一般者在胜任某个素质要素的平均等级分数上的差别。因此，建立一种没有科学验证的素质评判规则值得进一步探讨和分析，并且需要进一步检验和论证。

第三，行为事件访谈法的操作过程太过烦琐，需要耗费大量的时间和人力，若无法大规模地进行，那便只能被拘束在小范围的条件下开展，会造成整体的准确度差异。

1.2.2.3 综合分析法

综合分析法是指将已收集的与研究对象的各个部分因素、层次等方面有关的认识联系起来，从而构成对研究对象全面完整认识的研究方法。职业院校领导干部管理与培养研究中的综合，是一种科学思维的活动，它不同于一般感觉活动中的综合，而是上升到对职业院校领导干部教育培养这门学科的结构原理以及职业院校领导干部教育规律的理论阶段。对职业院校领导干部管理与培养研究进行综合分析，其根本特征是研究职业院校领导干部基本素质这一研究对象中的各个方面、各个因素以及各个层次中互相联系的方法，也就是结构的机理作用，因而产生全新的整体性认识。也就是说，职业院校领导干部管理与培养研究中的综合分析方法，不仅仅是将研究对象中对各个构成要素的认识简单加和，而是综合后对职业院校干部管理与培养整体性认识会产生新的功能和机理知识。

第 2 章　干部管理与培养的相关概念及理论概述

对于职业院校来说，在社会主义核心竞争力不断加剧的今天，加强干部管理与培养，这是职业院校发展的关键所在，是职业院校获得竞争优势的根本。干部作为职业院校中长期发展的中坚力量和主要人才队伍支撑，对于职业院校内部管理与外部竞争，具有不可估量的优势。着重加强职业院校干部管理培养，具有积极的意义。因此，本章对干部管理与培养的相关概念及理论进行详细介绍。

2.1　相关概念界定

2.1.1　职业院校的概念

职业院校是指经政府有关部门依法批准建立，实施全日制中等学历教育的各类中等职业学校、实施全日制高等学历教育的高等职业学校和高等专科学校，含高等学校附属的高职（专科）学院、中专部、中等职业学校等。

来到职业院校，大家感受最明显的地方，就是职业院校不仅有宽敞明亮的教室、绿草如茵的足球场，而且还有那高大的实习车间以及里面那些摆列整齐、功能齐全的实习实训设备。有时很难分清自己走进的是校园还是工厂。校园里的学生们，少了一分少年的稚嫩，多了一分成熟和稳重。他们时而身着整齐的运动服在操场奔跑，时而穿着帅气的工装在车间前列队；教室里传来他们的琅琅书声，车间外能听到那机床的轰鸣。

职业院校的教学组织不再像初中那样按照年级或者年级组进行划分,而是先按照专业来进行划分,然后才是体现年级的差别。职业院校的专业内容丰富多彩、包罗万象,社会上常见的行业在职业院校中都有所体现,比如说数控技术应用、机电设备安装与维修、汽车制造与维修、铁道运输与管理、物流、财务会计、烹饪、美容美发、服装设计、计算机应用与维修等。不同类型的职业院校会有不同的专业设置,每年向社会培养和输送大量的技术技能人才。

职业院校的课程设置和教学内容围绕职业岗位需求设置,主要是劳动生产知识和技能,以及职业岗位需要的其他职业素养的培养,比如制图、电力拖动、会计基础、数控机床的操作与维修、职业道德规范等。但需要注意的是,并不是说上了职业院校就不需要再学习文化基础知识了。许多学生误以为到职业院校学的是专业知识和技术,不用再学习语文、数学、英语等课程,甚至有些学生就是为了逃避学习那些内容才选择到职业院校的,这是非常错误的认识。职业教育要培养的是学生的综合职业能力,而不是单纯的职业技能训练,必要的文化基础知识的学习是必不可少的。通常,学习技术要用到相关的基础知识,比如会计、计算机编程要用到一些数学知识,数控技术、电器维修等会用到一些专业英语,文秘、营销等要用到写作知识等。尤其是现在,国家为职校生搭建了个人发展的各种通道,五年一贯制、三二分段、春季高考等各种模式,可以使有志于继续学习的学生升入高等职业学院深造。而升学考试中,文化基础课是核心课程。所以选择到职业院校求学,一定不能忽视文化基础知识的学习,大家一定要端正思想,既要学习专业知识、专业技能,又要认真学习文化基础知识。

2.1.2 干部的界定

2.1.2.1 干部的定义

"干部"是一个外来词,源于法语"cadre"一词的日语意译。日语中的干部原意是指在公司、团体中居于要位,且是事业活动的中心人物。在我国的汉语中,"干部"一词用法较多,内容不太明确。在中华人民共和国成立前,戎马倥偬,来不及制定详细的人事工作条规,没有给干部下明确的定义。中华人民共和国成立后,百废待兴,人事浩繁,也未把"干部"说清

第 2 章 干部管理与培养的相关概念及理论概述

楚,后来"干部"一词在我国使用频率越来越高,随意性也越来越大。干部的含义大体上分以下四种情况。

第一,与群众相区别,专指担任一定领导职务的人员。如把乡长称为"乡干部",把村长称为"村干部",把学校里的学生班长称为"班干部"等。

第二,泛指党和国家机关、群众团体中的工作人员,教育、卫生、体育、科技等方面的专业技术人员,以及企事业单位的管理人员。如党和国家机关中的办事员以上的工作人员,以及技术员、讲师、教练、厂长、经理等。

第三,泛指党和国家机关、群众团体中担任一定职务的工作人员。如党委书记、处长、科长、办事员等。

第四,我国历年干部统计的范围和对象是:农村乡、镇和城市街道以上各级党委、人大、政府、政协机关和人民团体的办事机构,全民所有制事业、企业单位和由国家派到集体所有制事业、企业单位中相当于办事员以上并保留国家干部身份的行政管理和各类专业技术人员,以及上述范围的离、退休干部。

由于"干部"这一概念的内涵不清,以至于"干部"的外延在一天天扩大,干部人数也就一天天增多。干部的总数增多,使得国家财政吃紧,又很不利于管理,引发出机构臃肿,人浮于事,管得过多,统得过死,任务不分,赏罚不明,能进难出,能上难下等种种弊端。因此,迫切需要为"干部"下一个明确的定义。

借鉴国外的经验,结合我国的实际,本书认为"干部"就是指在一切党政机关、企事业单位和群众团体中,依法从事公务活动的国家公职人员。在社会主义制度下,干部身份的基本内涵有三方面的规定:普通公民;享有一定职务权力并受人民监督的国家公职人员;为人民服务的公仆。三者紧密联系、不可分割;仅讲一方面或两方面而忽视了其他方面,就会导致片面性。我国的社会主义性质以及与此相适应的干部身份的基本内涵,就决定了干部是实现党和国家领导的骨干力量,他们在制定、执行党的政策,领导人民进行社会主义革命、建设和改革,保卫社会主义制度以及对外交往等方面都起着十分重要的作用。

2.1.2.2 职业院校干部的定义

"干部"是指"在一个组织中担任管理和领导职能的人",则"职业院校干部"即为"在高等学校中担任管理和领导职能的人"。它既包括职业院校中党的干部,也包括从事行政工作的干部。其中,行政干部具有行政权力,而职业院校党的干部拥有政治权力,他们都负责学校的各项职能,例如决策、领导、协调和服务等,其均有着重要的地位,可见,职业院校干部是推动教学、科研等各项发展目标如期实现的中坚力量。❶

在我国高等学校中存在着三种重要的权力:行政权力、政治权力和学术权力。

(1) 行政权力具有一定的等级特征,这种权力按照校级—院级—科级等严格的科层制结构来进行管理,以保障职业院校行政权力和日常管理工作的顺利开展。❷ 职业院校各级行政干部往往因为等级划分而给予一定的行政头衔,被分为厅级(正厅或副厅)、处级(正处或副处)和科级(正科或副科),他们根据各自职务的大小,垂直分配,在自己职能范围内开展组织、管理和具体的实施工作。

(2) 政治权力是党的领导的重要体现,即党组织在职业院校各层级中所具有的权力,按照《中国共产党章程》和《中华人民共和国高等教育法》的相关规定,职业院校党委对干部的领导要从思想、政治和组织这三个方面共同进行,并发挥基层党组织的战斗堡垒作用,从而确保职业院校的发展是沿着社会主义的方向顺利进行的,以更好地为国家和人民服务,体现人民的意志。由此可见,学校各级党委书记(包括校级和院级)均是党的干部,亦是职业院校干部的重要组成部分。

(3) 除了行政权力和政治权力之外,职业院校还有学术权力。学术权力,其实也存在一定的等级关系,比如助教、讲师、副教授和教授,它也被给予一定的职称级别。然而,学术权力又是权威,是由学术活动本身所具有

---

❶ 童静菊:《面向21世纪的高校管理干部队伍建设的思考》[J]. 黄冈师范学院学报,2001,21(6),第71—72页。

❷ 谢安邦,阎光才:《高校的权力结构与权力结构的调整——对我国高校管理体制改革方向的探索》[J]. 高等教育研究,1998(2),第20页。

的特征所决定。❶

2.1.3 干部管理的概念

干部管理是指党和国家及其各级组织通过相应的干部政策、干部制度、具体事务等方面对干部工作所进行的协调、组织和调节管理活动的总称。

干部管理是一个复杂、有机的动态过程，它是由一系列相联系的环节组成的。主要包括：干部的选拔、录用，干部的调配、任免，干部的考核、评定，干部的培养、训练，干部的监督、检查，以及干部的工资、福利，干部的离休和退休，干部的统计信息和档案管理，干部的规划和预测，对各级领导班子整体结构的调整和配备，及领导班子和领导干部的思想政治建设等。

2.2 相关理论概述

2.2.1 干部管理理论

2.2.1.1 利益相关者理论

利益相关者理论（stakeholder theory）始于 20 世纪 60 年代的英美等西方国家，进入 20 世纪 80 年代以来，该理论取得了重要进展，影响力不断扩大。

(1) 利益相关者理论的代表人物及贡献

a. 弗里曼的贡献 弗里曼（Freeman）认为利益相关者是指"任何能够影响公司目标的实现，或者受公司目标实现影响的团体和个人"。❷ 在他看来，所有者、消费者利益鼓吹者、消费者、竞争者、媒体、雇员、特殊利益团体、环保主义者、供应商、政府和地方社区组织等都属于利益相关者。相较于最初的定义，弗里曼将其外延扩大，使得更多的与企业有互相影响的个

---

❶ 朱健，董石桃：《论高校行政权力的来源及其优化机制》[J]. 高校教育管理，2011，5 (3)，第 17—20 页。

❷ R. Edward Freeman. *Strategic Management: A Stakeholder Approach* [M]. (New York: Cambridge University Press, 2010), pp. 30.

人和团体被纳入这一概念当中。同时，弗里曼还从所有权（ownership）、经济依赖性（economic dependence）和社会利益（social interest）三个不同的角度对利益相关者进行分类，主要包括对企业拥有所有权的利益相关者，如持有公司股票的经理人员、持有公司股票的董事和所有其他持有公司股票的人员等；与企业在经济上有依赖性的利益相关者，如在公司取得薪酬的所有经理人员、债权人、内部服务机构、雇员、消费者、供应商、竞争者、地方社区、管理机构等；与公司在社会利益上有利益关联的利益相关者，如特殊群体、政府领导人、媒体等。[1]

b. 米切尔的贡献　米切尔（Mitchell）认为，可以从三个属性分别对可能的利益相关者进行评分，然后根据分值的高低来确定某一个体或者群体是不是企业的利益相关者，是哪一类型的利益相关者。[2] 这三个属性分别是：合法性（legitimacy），即某一群体是否被赋予法律上的、道义上的或者特定的对于企业的索取权；权力性（power），即某一群体是否拥有影响企业决策的地位、能力和相应的手段；紧急性（urgency），即某一群体的要求是否立即引起企业管理层的关注。

根据这三个属性对利益相关者进行评分后，职业院校的利益相关者可以被分为三类。因为存在同时满足三个属性、满足两个属性或满足其中一个属性等多种情况，故职业院校的利益相关者又可以被细分为七类（如图2-1所示）。米切尔对利益相关者分类的研究，实现了方法和视角上的创新，并使得利益相关者理论在实践应用中，实现了从强调让不同的利益相关者参与职业院校的管理战略的制定与实施（即利益相关者参与）到更加注意让多主体在积极的经常的互动中共同参与和实施职业院校的组织管理（即利益相关者治理），将利益相关者分类的研究推上了一个新的高度。

---

[1] 寇小萱：《企业营销中的伦理问题研究》[M]．天津人民出版社，2001，第78页。

[2] Ronald K. Mitchell, Bradley R. Agle, Donna J. Wood. Toward a Theory of Stakeholder Identification and Salience: Defining the Principle of Who and What Really Counts [J]. The Academy of Management Review, 1997, 22 (4), pp. 856.

第 2 章 干部管理与培养的相关概念及理论概述

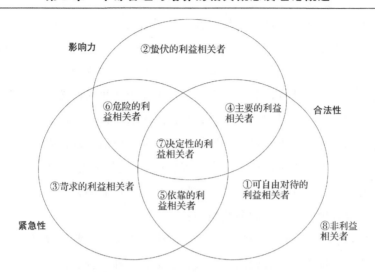

①②③是潜在的利益相关者，④⑤⑥是预期型利益相关者，
⑦是决定性的利益相关者，⑧不是利益相关者

图 2-1 米切尔的利益相关者分类示意图

c. 普斯特和法森的贡献 以普斯特（James E. Post）和以法森（Yves Fassin）为代表的学者将利益相关者的理论框架进行了条分缕析的剖析，并建构了新的利益相关者分类框架，这是当代学者进一步细化、深化利益相关者理论的新尝试。

职业院校管理与企业管理具有异曲同工之处，解决职业院校战略管理问题的核心是认识职业院校与利益相关者的关系，即厘清这些关系在重要程度、紧急程度和层次级别等方面的差异。米切尔的框架虽然较为全面，但是忽视了职业院校环境的边界和层次的问题。因此，普斯特提出了从资源基础、产业结构和社会经济环境三个层次对利益相关者分类框架进行研究，法森对普斯特的利益相关者框架进行了进一步优化。❶

普斯特的框架解决了职业院校环境的边界和层次问题，但是没有区分给职业院校带来压力的团体与监管机构之间的地位差异。他从要求的合法性、对职业院校影响力的大小和职业院校是否直接对其负有责任，把职业院校的利益相关者分为三类：一是直接利益相关者；二是间接利益相关者，典型的

---

❶ 张世义：《利益相关者理论视角下的高校学前教育专业本科人才培养研究》[D]. 南京师范大学，2014，第 25 页。

代表有工会等；三是外部利益相关者，典型的代表有政府、媒体等。

(2) 职业院校干部管理人才培养中的利益相关者分类　利益相关者的分类是利益相关者理论的核心。根据米切尔提出的"评分法"，对于干部管理人才培养而言，合法性即为某一群体是否被赋予法律和道义上的或者特定的在干部管理人才培养过程中对于自身利益的索取权；权力性即为某一群体是否拥有影响干部管理人才培养的地位、能力和相应的手段；紧急性即为某一群体的要求是否立即引起校企合作管理层的关注。❶ 根据弗里曼等人对利益相关者的定义，职业院校、学生、教师、政府、行业协会、家长、社会公众等都是干部管理人才培养的利益相关者。

根据米切尔提出的评分法，学校、学生、教师、企业、政府、行业协会等在合法性指标上的评分较高；学校、学生、教师、企业、政府、行业协会等在权力性指标上的评分较高；学校、教师、学生、企业、政府等在紧急性指标上的评分较高。因此，根据米切尔评分法，可以认为学校、学生、教师、企业、政府是干部管理人才培养中确定的利益相关者；行业协会、家长是干部管理人才培养中预期的利益相关者；社会公众是干部管理人才培养中潜在的利益相关者。在本研究中，学校、学生、教师、企业、政府这五类利益相关者贯穿始终，是进行干部管理人才培养研究的依据。

2.2.1.2　公共治理理论

(1) 公共治理理论的兴起与发展　公共治理概念受到全球关注并研究，发端于 1989 年世界银行报告《撒哈拉以南非洲：从危机到可持续增长》，报告中提出与治理有关的观点。之后，1992 年世界银行发布年度报告《治理与发展》，系统阐述关于治理的看法。同年，联合国成立"全球治理委员会"并创办《全球治理》杂志，"治理"概念迅速成为政治学、公共管理学、行政学等众多学科探讨的热点，引发延续至今的研究热潮。

公共治理的兴起是"西方政治学家在社会资源的配置中既看到了市场的失效又看到了国家的失效"。❷ "超级保姆"式的政府机构臃肿、服务低劣，导致财政税收危机四伏，同时市场机制出现分配不公、失业、市场垄断等失

---

❶ 王霞：《大学教育和社区教育的互动协同发展》[M]．中国社会出版社，2019，第 80 页。

❷ 俞可平：《治理和善治引论》[J]．马克思主义与现实，1999 (5)，第 37—41 页。

第 2 章 干部管理与培养的相关概念及理论概述

灵现象,社会迫切需要新的调节机制解决政府和市场失灵问题。国家与社会、政府与市场等二分法在 20 世纪后期纷纷陷入困境,追求社会科学理论的新范式,寻找国家、市场和社会的重新定位,成为实践与学术的双重迫切需求。❶ 公共治理理论从一开始就直面传统公共行政和新公共管理存在的"政府失灵"和"市场失灵",试图解答"如何在日益多样化的政府组织形式下保护公共利益,如何在有限的财政资源下以灵活的手段回应社会的公共需求"。❷

福柯(Foucault)从决策结果的角度将治理定义为"对他人行动的可能范围进行构建"。❸ 罗西瑙(Rosenau)将治理解读为一种只有被多数人接受才会生效的规则体系,依赖主体间重要性的程度不亚于对正式颁布的宪法和宪章的依赖。❹ 梅里安(Merian)的"治理"概念则带有浓重的新公共管理色彩:治理可以看作这样的一种最少限度的国家,它把公营企业和公共事业私有化,优先发展市场和准市场作为分配服务的手段,也作为新形式的公共管理咨询权威。❺ 同一时期,罗茨等人概括和归纳了治理的六形态学说:作为最小国家的治理;作为公司的治理,指导和控制组织的体制;作为新公共管理的治理,更小的政府,更多的市场;作为"善治"的治理;作为社会控制系统的治理;作为自组织网络的治理,市场和等级制的替代,更大的自主和自我管理。❻

国内学者结合中国公共管理现状也从不同角度对"治理"概念进行了阐述。俞可平从政治学角度提出治理一词的基本含义,是指在一个既定的范围内运用权威维持秩序,满足公众的需要。治理的目的,是在各种不同的制度关系中运用权力去引导、控制和规范公民的各种活动,以最大限度地增进公

---

❶ 王诗宗:《治理理论及其中国适用性》[M]. 浙江大学出版社,2009,第 12 页。

❷ 陈振明,薛澜:《中国公共管理理论研究的重点领域和主题》[J]. 中国社会科学,2007(3),第 140—152,206 页。

❸ Foucault M:《The Subject and Power》[J]. Critical inquiry,1982,8(4),pp. 777—795.

❹ 詹姆斯 N·罗西瑙:《没有政府的治理》[M]. 张胜军,刘小林,等译. 江西人民出版社,2001,第 5 页。

❺ 弗朗索瓦-格扎维尔·梅里安:《治理问题与现代福利国家》[J]. 肖孝毛,译. 国际社会科学杂志(中文版),1999,16(1),第 59—68 页。

❻ R. A. W. Rhodes:"The New Governance: Governing without Government"[J]. Political Studies,1996,pp. 652—667.

共利益,并提出良好治理的"善治",是政府与公民对社会生活的共同管理,是国家与公民社会的良好合作,包括合法性、透明性、责任性、法治、回应、有效和稳定七大基本要素。❶ 顾建光则从公共政策角度,将公共治理定义为相关各方为影响公共政策的结果而开展互动的方式,认为"良好的公共治理"旨在改进公共政策成果和达成一致的治理原则。❷

(2) 公共治理理论的主要内容 学者们对于治理的探索与研究,主要形成了如下理论思想。

a. 治理主体的多元性 治理主体不再具有单一性,政府组织、非政府组织、企业组织等共同构成了多元化的治理主体,形成治理的大网络。治理理论强调国家和其他治理主体间的相互合作和良好沟通,社会公共事务需要国家、企业、协会、公民来共同管理,以此来避免市场调节的失灵或政府干预的失衡。

b. 治理目标的共同性 政府组织、非政府组织、企业组织、公民在内的各种行为主体之间相互合作互动、互相信任、保持良性的竞争环境,共同治理同一事务,最终的共同目标是满足公众需求,促进社会发展,实现多元主体利益最大化。

c. 治理方式的多元化 多元治理主体的确立丰富了治理的方式,强调多角度、多渠道来共同治理社会公共事务,不再局限于法律和强制的行政干预,它还包括各种主体间合作、协商、谈判等多种治理方式,其方式既有正式的法律与行政管理,也有非正式的约束。

(3) 公共治理理论对干部管理人才培养的启示 从"社会三元结构"理论的角度出发,教育被认定为第三部门的"非营利性组织",教育属于在政治领域和经济领域之外的公共领域。治理理论的要义在于建立政府、市场以及公民社会的新颖关系,教育公共性的建构与保障都需要有政府、市场以及社会的参与。❸ 职业院校干部管理人才的培养不是孤立的,它需要与政府、

---

❶ 俞可平:《治理和善治:一种新的政治分析框架》[J]. 南京社会科学,2001 (09),第40—44页。

❷ 顾建光:《从公共服务到公共治理》[J]. 上海交通大学学报(哲学社会科学版),2007,15 (3),第50—56页。

❸ 姜美玲:《教育公共治理:内涵、特征与模式》[J]. 全球教育展望,2009 (5),第39—46页。

企业与社会建立联动的协同合作机制，共同培养复合型干部人才。因此，治理理论对干部管理人才培养具有重要理论意义。

a. 干部管理人才培养需要多种行为主体的参与　治理理论强调多元主体的多层治理，为打破公共产品、公共服务的政府垄断开启了新思路。政府、社会、市场、学校、家长都为了改善教育的绩效和质量而努力，由此形成一种国家与公民社会、政府与非政府组织、公共机构与私人机构、强制与志愿的教育公共治理格局。职业院校干部管理人才的培养不仅仅是职业院校的责任，更需要政府、企业、干部协会及不同社会组织的共同参与。

b. 干部管理人才培养是一个系统工程　治理理论中的多元化治理方式为干部管理人才培养机制创新提供了借鉴。新时期我国干部发展对高层次人才提出了更高的要求，职业院校干部管理人才培养需要官、产、学、研多方协同，综合运用法律、行政、经济等手段，积极营造良好的成才环境，深入细致地研究人才成才规律，把人才培养工作做实做细，提高我国干部管理人才队伍的整体水平。因此，职业院校干部管理人才培养要以产业需求为导向，以职业院校为主体，科研机构为补充，企业和政府为支撑，推动政府、科研机构和企业三种组织在职业院校实现对接，建立职业院校、政府、企业联动联合的人才培养模式，实现资源共享，优势互补，共同管理。

2.2.1.3　人力资源相关理论

(1) 人力资源的概念和属性　人力资源概念的表述主要有以下六个方面。

a. 人力资源是指能够推动整个经济和社会发展的具有智力劳动能力和体力劳动能力的人们的总和。

b. 人力资源是指一个国家或地区具有劳动能力的人口的总和。

c. 人力资源是指具有智力劳动能力和体力劳动能力的人的总和。

d. 人力资源是指包含在人体内的一种生产能力。

e. 人力资源是指能够推动整个经济和社会发展的劳动者的能力。

f. 人力资源是指一切具有为社会创造物质文化财富、为社会提供劳务和服务的人。

从人力资源的定义可以看出，人力资源是最活跃、最积极、最具有主动性的生产要素，它作为经济资源中的一个特殊资源，既有质、量的属性，又有社会、自然的属性。

(2) 人力资源相关理论与职业院校干部管理人才培养

a. 人力资本理论　舒尔茨（Schultz. T. W.）指出，传统的经济理论把经济的增长仅仅归结为物质资本的增加，而实际上人力资本的提高对经济增长的贡献远比物质资本的增加更重要。[1] 同时，舒尔茨的人力资本理论在论证人力投资作用大于物质投资作用的基础上，把教育投资视为人力资本的核心，突出强调教育投资的作用，主要有四点。

(a) 教育投资是使隐藏在人体内部的能力得以增长的一种生产性投资，是人力资本投资的主要部分，也是推动经济发展的重要因素。

(b) 提高人口质量的关键是教育投资。

(c) 教育对人力资本形成的作用集中表现在人们接受教育后，提高了文化技术水平，增强了劳动素质，形成了较高质量的人力资本，从而增加了人力资本的存量和创造经济价值及社会价值的潜能。

(d) 人力资本投资是经济增长的主要源泉，是效益最佳的投资，人力资本投资收益率高于物质资本投资收益率。

b. 结构功能理论　结构是指系统内部各个要素的组织形式，功能则指系统在一定环境中所能发挥的作用。结构与功能这对范畴是普遍存在的，结构与功能是对立的统一。结构功能理论是关于事物要素之间的构成状况与事物整体功能状况之间的关系理论。[2] 相同结构可以表现出不同的功能；而相同的功能，可以通过不同的结构来实现。结构与功能是相互区别的，二者有其一定的相对独立性。结构与功能是相互联系的。不可能有孤立的功能，也不可能有孤立的结构。结构与功能是相互依存的。[3] 结构与功能的相互联系，表明了职业院校干部管理人才培养并不是孤立的系统，它需要根据外部系统的变化而变化，并与外部系统相互匹配与适应。

2.2.2　激励与选拔理论

领导与激励工作密切相关。领导者要取得被领导者的追随与服从，首先

---

[1] 李慧凤，邱红：《北京区域经济发展与职业教育》[M]．中国财富出版社，2016，第46页。

[2] 黄建雄：《转型与提升：地方本科院校教师队伍结构优化研究》[M]．华中师范大学出版社，2017，第85页。

[3] 张光辉：《高等学校教师资源优化配置研究》[D]．南京航空航天大学硕士学位论文，2007，第24页。

必须能够了解被领导者的愿望并帮助他们实现各自的愿望。可以说，职业院校管理者越是懂得什么东西在激励干部以及这些激励如何发挥作用，并把它们在各项管理工作中反映出来，那么，他们就越有可能成为有效的领导者。

2.2.2.1 需要与动机

激励，通俗地说，就是调动人的工作积极性，使其把潜在的能力充分发挥出来。从组织的角度来说，职业院校管理者激励下属就是要激发和鼓励下属朝着组织所期望的目标表现出积极主动的、符合要求的工作行为。

致力于人的心理和行为研究的科学家发现，人会产生某种特定的行为是由其动机决定的：一个人愿不愿意从事某项工作，工作积极性是高还是低，干劲是大还是小，完全取决于他是否具有进行这项工作的动机及动机的强弱。动机是驱使人产生某种行为的内在力量。那么，动机又是由什么引起的呢？根据心理学的研究，动机是由人的内在需要所引起的。人之所以愿意做某件事，是因为做这件事本身能满足其个人的某种需要，或完成这件事能给他带来某种需要的满足。所谓需要，就是使某种结果变得有吸引力的一种心理状态，是指人们对某种目标的渴求。正是这种欲望驱使人去采取某种行为或行动。而人之所以会有某种需要，是因为人自身的某些要求没有得到满足。当一个人要求满足这些未满足的需要时，他就会努力追求他所需要的东西。例如，饥饿会使人去寻找食物，孤独会使人去寻求关心。未满足的需要是形成人的行为动机的根本原因。因此，研究人的行为及对人的行为的激励，必须首先了解人的需要和动机。

人的行为规律与激励工作如图2-2所示。人的行为是建立在需要和动机的基础上的，需要使人产生行为的动机，而动机诱发人们采取行动去满足需要。但是，并不是在任何情况下有需要就一定会引发行为的动机。只有当人的需要达到一定强度时，动机才会产生。当人的需要还处于萌芽状态时，它以不明显的模糊的形式反映在人的意识之中，这时的需要只是一种意向。当需要不断增强，人比较明确地知道是什么造成其内心的不安并意识到可通过什么手段来满足时，意向就会转化为愿望。当人的心理进入愿望阶段后，在一定的外界条件刺激下，就可能形成为满足这种需要而行动的动机。

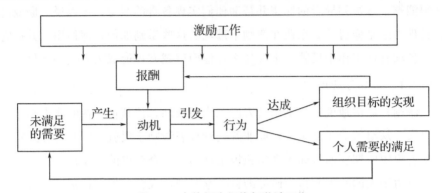

图 2-2 人的行为规律与激励工作

也就是说,行为动机的形成有两个条件:一是人的内在需要和愿望;二是外部提供的诱导和刺激。有需要,还要有一定的诱因,才能产生现实的动机,导致行为的发生。因此,职业院校管理者在干部行为激励中的作用,首先就在于通过提供这种诱因或刺激,在一定程度上影响个人的需要和动机,从而使其产生所期望的行为。为了确保所提供的诱因对干部有真正的吸引力,职业院校管理者就必须对干部的各种需要的内容和性质进行研究,清楚地了解"干部为什么会努力工作""是什么吸引着干部努力工作"等与动机形成有关的问题。这些主要与内容型激励理论的研究有关。本节后面介绍的需求层次理论和双因素理论就属于内容型激励理论。

此外,职业院校管理者要切实有效地激励干部,还必须了解人的动机是如何转化为其实现目标的特定行为以及此次行为对其个人需要的满足状况又是如何影响他的下一步的行为等激励过程的问题。研究表明,由动机向特定行为转化的过程实际上也是一个相当复杂的心理过程。有效的职业院校管理者不仅要了解干部在组织中工作的动机是如何形成和得到激发的,还要了解其动机向特定行为转化过程中的各方面心理因素及相应的激励措施和对策。

2.2.2.2 需要层次理论

(1) 需要层次理论的基本观点 需要层次理论是美国心理学家亚伯拉罕·马斯洛(Abraham H. Maslow)提出的,需要层次理论主要包括以下

基本观点。❶

a. 人的需要分为五种：生理需要、安全需要、社交需要、尊重需要和自我实现需要。

生理需要是指人在食物、水、住所、性满足以及其他方面的需要和欲望。

安全需要是指人保护自己免受身体和情感伤害的需要和欲望。

社交需要是指人在友谊、爱情、归属及接纳方面的需要和欲望。

尊重需要包括人在受人尊重方面（如地位、认可和关注方面）的需要以及在自我尊重方面的需要。

自我实现需要是指人在自我成长与发展、发挥自身潜能、取得成就和实现理想抱负等方面的需要。

在这五种需要中，马斯洛把生理需要、安全需要称为基本的低层次的需要，而把社交需要、尊重需要和自我实现需要称为较高级的需要。

b. 人的行为受到人的需要和欲望的影响和驱动，但只有尚未满足的需要才能够影响人的行为。已满足的需要不能起到激励作用。

c. 人的各种需要由于重要程度和发展顺序的不同，可以形成一定的层次性。马斯洛将人的五种需要按照由低到高的顺序排列为金字塔状的层次结构，并指出只有当较低层次的需要得到满足后，才会产生更高一个层次的需要。马斯洛的需要层次理论的金字塔模型如图2-3所示。

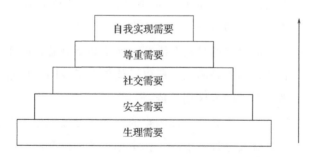

图2-3 马斯洛的需要层次理论的金字塔模型

---

❶ 陈春花，曹洲涛，宋一晓，等：《组织行为学》[M]. 4版. 机械工业出版社，2020，第85页。

d. 人的行为是由主导需要决定的。具体的人并不是在任何条件下都同时具有这五种需要且保持它们间同等的需要强度。所以，对人的行为方向起决定作用的就是这个人在这一时期的主导需要。

　　(2) 需要层次理论的优点及局限性　马斯洛的需要层次理论在提出后得到了普遍的重视，因为该理论简单明了、易于理解，也符合人类动机形成的基本规律。这就像俗语"人往高处走"所说的那样，人类具有不断追求更高层次需要的愿望。

　　但是，也有人对需要层次理论提出批评意见。例如，有人指出人的需要并不一定像需要层次理论描述的那样规范，诸如职业、家庭背景和成长经历等都会对人的需要类型及发展进程产生重要影响。人的需要的发展顺序实际上是相当复杂的，不会出现如此明显的层次阶梯。且就管理工作实践而言，在精神心理学研究成果基础上建立起来的需要层次理论还缺乏实证的基础，没有取得支持其理论假设的验证性资料。

2.2.2.3　双因素理论

　　(1) 双因素理论的基本观点　美国心理学家赫茨伯格（Herzberg）在20世纪50年代后期，通过对2000多名工程师和会计师的访谈调查发现，人在工作中的满意感是激励人的工作行为的重要力量，而导致满意和不满意的因素是性质完全不同的两类因素。他认为，人们通常把满意与不满意视为对立的两面，但实际上满意的对立面并不是不满意，不满意的对立面也不是满意，因而消除工作中的不满意因素并不一定能使人产生满意感。他认为，正确的观点应是：满意的对立面是没有满意，而不是不满意；同样，不满意的对立面是没有不满意，而不是满意。所以，他提出了双因素理论，主张将导致满意和导致不满的两类因素区别对待。❶

　　根据赫茨伯格的观点，导致工作满意的因素与导致工作不满意的因素是有本质差别的，职业院校管理者消除工作中令干部不满意的因素只能维持没有不满的"保健"状态，而不会对干部产生积极的激励作用。换句话说，这些因素只能安抚职工而不能激励职工。赫茨伯格认为，那些与人们的不满情绪有关的因素（如职业院校政策、工资水平、工作环境、劳动保护等），处

---

❶ 郑晓娜：《高校辅导员职业化研究》[M]. 辽宁大学出版社，2019，第23页。

理得不好就会引发人们对工作的不满情绪,但处理得好也只不过预防或消除了这种不满,而不能起到真正的激励作用。因此,赫茨伯格将这类只能起保持人的积极性和维持工作现状作用的因素称为"保健因素"(见表 2-1)。

表 2-1 保健因素与激励因素

保健因素	激励因素
薪金	工作本身
管理方式	赏识
地位	进步
安全	成长的可能性
工作环境	责任
政策与行政管理	成就
人际关系	

赫茨伯格认为,能够促使人们在工作中产生满意感的那一类因素不是与工作的环境条件相关联的,而是与工作本身所具有的内在激励感联系在一起的。这些来自工作本身的"激励因素"包括以下几点。

a. 工作表现机会和工作带来的愉悦。

b. 工作上的成就感。

c. 由于良好的工作成绩而得到奖励。

d. 对未来发展的期望。

e. 职务上的责任感。

赫茨伯格劝告管理者:如果能在这些与工作本身紧密联系在一起的"激励因素"上谋求改进,就能够使员工的行为得到切实的激励。当然,在职业院校中,即使不提供这些激励因素,干部也不会即刻产生不满的情绪。但有眼光的职业院校管理者,是不会仅限于在只有保健作用的因素上做文章的,因为消除不满本身并不能够起到激发人奋力工作的激励作用。

(2)双因素理论的优点及局限性 赫茨伯格对保健和激励两类因素在功能作用方面所做的区分,对于指导实际管理工作有重要价值。但是,他从"白领"阶层需要动机分析中得出的有关保健因素和激励因素的分类标准明显有失偏颇。例如，他几乎将马斯洛需要层次理论中构成生理、安全、社交和尊重这些较低层次需要的要素都看作不具有激励作用的保健因素，这对于需要动机发展尚处于较低阶段的"蓝领"工人以及经济不发达地区的员工来说就显得适用性不足。因此，赫茨伯格有关保健因素和激励因素分类的标准，还需要在职业院校实际应用中根据具体情况进行调整。

2.2.2.4　期望理论

如果说内容型激励理论能够帮助职业院校管理者考虑的是给具有特定需要的干部提供什么方面的激励问题，那么过程型激励理论则主要研究这些所提供的激励因素是否能够发挥激励作用以及如何发挥激励作用的问题。

美国心理学家维克托·弗鲁姆（Victor H. Vroom）提出的期望理论认为，人们只有在预期他们的行动会给个人带来既定的成果且该成果对个人具有吸引力时，才会被激励起来去做某些事情以达到组织设置的目标。❶ 人们从事某项工作并达到组织目标，是因为他们相信这些工作和组织目标会帮助他们达到自己的目标，即满足个人某方面的需要。因此，在一项工作上人们受到激励的程度，就取决于其努力后所取得的成果的价值（即效价）与他对实现目标的可能性的看法（即期望值或称期望率）的乘积，用公式可表示为

$$激励力 = 效价 \times 期望值$$

式中，激励力是指一个人所受激励的程度；效价是指个人主观做出的对某一预期成果或目标的吸引力（效用）的估价；期望值是指个人经主观认知估计出的通过其努力达到预期成果或目标的概率。

期望理论说明，促使人们去做某件事的激励力的大小同时取决于效价和期望值这两个因素。只有在效价和期望值都较高的情况下，干部的激励力才会较高。因此，激励实质上体现了浓厚的个人心理色彩和认知判断的过程。

根据期望理论的观点，人们对期望值的认知包括两个环节的主观判断因素：一个是个人对努力转换为工作绩效的可能性判断。这种对取得工作绩效的期望值会影响其行为的选择，因为任何人都不希望他的努力付诸东流，而是希望取得一定的工作成果；另一个是个人对工作绩效转换为其预期报酬的可能性判断。这实际上是个人对其通过特定活动达到组织目标后组织反过来

---

❶ 张圣华：《管理学基础》[M]. 中国海洋大学出版社，2017，第182页。

给予个人报酬的可能性的主观认知和判断。

在个人心目中，如果组织目标的实现不能成为他实现个人目标的手段或工具，或者个人所认知的组织目标与其个人目标之间的关联性很弱，那么他就不会真正地受到激励和激发。期望理论认为，个人从自身利益出发，通常倾向于选择那种他认为能够达到他效价的报酬结果的绩效和努力的水平。如果个人认为组织所给予报酬的效价过低，或者认为组织不可能按照绩效水平合理发放报酬，抑或认为组织所设定的绩效目标不论自己付出多大的努力都难以达到，那么其个人行为受激励的程度都会受到影响。期望理论强调职业院校管理者要根据干部的能力合理地指派工作和设定目标，同时设计合适的工作环境和工作报酬制度，使干部对组织目标和个人目标的实现充满信心。

2.2.2.5 公平理论

公平理论是美国心理学家亚当斯（J. S. Adams）于1965年提出的一种过程型激励理论，该理论主要研究相对报酬对人们工作积极性的影响。[1]

公平理论认为，一个人在自己因工作或做出成绩而取得报酬后，不仅会关心所得到报酬的绝对量，而且还会通过自己相对于投入的报酬水平与相关他人的比较来判定其所获报酬是否公平或公正。个人对组织给予自己的报酬是否合理，通常没有一个客观的评价标准，而是采用一种主观评价和相互比较的方法来进行考察的。公平理论的基本观点可以用下式表示

$$\frac{个人对自己所得的感觉}{个人对自己付出的感觉} \begin{matrix}>\\=\\<\end{matrix} \frac{个人对他人所得的感觉}{个人对他人投入的感觉}$$

在与他人比较之前，个人首先会思考自己所得的好处与所付出的投入是一个什么样的比值，然后这个比值同相关他人的所得与付出比进行比较，如果感觉到自己的比值与他人的比率相同，则可能产生公平感，否则就会有不公平感。对于初步比较产生的不公平感，个人可能会通过一些手段和方法对其主观所估计的自己和他人的所得量（包括经济和非经济的收入要素）与付出量（包括努力、素质、教育和经济等方面的投入要素）做出新的估价，然

---

[1] 陈春花，曹洲涛，宋一晓，等：《组织行为学》[M]. 4版. 机械工业出版社，2020，第91页。

后再思考如何调整其行为,以保持公平感。

公平理论是基于对人性的认识而推断的。在许多情况下,个人往往会过高地估计自己的投入和他人的收入,而过低地估计自己的收入和他人的投入,从而经常会出现上述公式左边的比值小于右边比值的情况,这极易导致干部对组织或管理人员的不满。如果出现上式左边的比值大于右边的比值的情况,个人可能会一时感到满足或愧疚而努力工作,但在一段时间以后,他会满足于侥幸的所得或在心理上进行自我平衡调节,致使工作又恢复常态。因此,公平理论认为,只有在公式的左右两边相等时,干部才会感到切实的公平感,其行为才会得到有力的激励。

公平理论关于组织的报酬分配方法对干部行为的影响,有以下几方面的解析和判断。

(1) 按时间付酬时,收入超过了应得报酬的干部,生产率水平将高于收入公平的干部。

(2) 按时间付酬时,收入低于应得报酬的干部,生产的数量或质量下降。

(3) 按产量付酬时,收入超过应得报酬的干部与那些收入公平的干部相比,产品生产数量增加不多,而可能主要提高产品的质量。

(4) 按产量付酬时,收入低于应得报酬的干部与那些收入公平的干部相比,产量提高而质量降低。

2.2.2.6 强化理论

强化理论是美国心理学家斯金纳(Burrhus Frederic Skinner)于1983年提出的把激励立足于行为结果的理论。❶ 这种强化理论又被称为行为修正激励理论。

该理论通过对一种行为的结果予以肯定或否定,达到鼓励或防止这种行为重复发生的目的。该理论认为,行为结果与行为有自然的联系,人们为了达到某种目的必然要采取一定的行为作用于环境。人的行为是对其所获刺激的一种反应。如果刺激对他有利,他的行为就有可能重复出现;若刺激对他不利,则他的行为就可能减弱,甚至消失。因此,管理人员可以通过强化的手段,营

---

❶ 刘飞燕,张云侠:《管理学原理》[M]. 华南理工大学出版社,2018,第174—176页。

第2章 干部管理与培养的相关概念及理论概述

造一种有利于组织目标实现的环境和氛围，以使组织成员的行为符合组织的目标。

强化的具体方式有四种。

(1) 正强化　正强化就是奖励那些符合组织目标的行为，以便使这些行为得以进一步增强、重复出现。正强化的手段包括经济方面的手段（如提薪、奖金等）和非经济方面的手段（如晋升、表扬、进修等）。

强化工作不仅要注意选择合适的强化物，还要注意强化的方式方法。对于早期的学习行为，管理人员可能在每次行为发生时都进行连续性强化，以使干部正确成熟的行为尽快得到加强和巩固。但连续性强化既费时费力，也易出现效力递减问题。强化理论认为，科学有效的正强化方法应该是保持强化的间断性，强化的时间和数量也尽量不要固定，所以管理人员应根据组织的需要和职工的行为状况，不定期、不定量地实施正强化。

实践证明，组织采用这种方法的效果更好。那种连续、固定的正强化，效果不一定好，因为它会使组织的成员感到组织的强化是理所当然的，甚至产生越来越高的期望。

(2) 惩罚　当干部出现那些不符合组织目标的行为时，组织采取惩罚的办法，可以使这些行为少发生或不再发生。与正强化鼓励所希望的行为更多地出现并维持下去不同，惩罚是力图使所不希望的行为逐渐削弱，甚至完全消失。惩罚的手段也包括经济方面的手段（如减薪、扣发奖金或处以罚款）和非经济方面的手段（如批评、处分、降级、撤职或免除其他可能得到的好处等）。根据所发生行为的性质和严重程度不同，惩罚可以间隔或者连续进行。间隔性惩罚是间隔一段固定或不固定的时间间隙或者某种行为发生的固定或不固定的次数才进行惩罚处理，连续性惩罚则是对每次发生所不希望的行为都及时予以惩罚处理，这样可消除人们的侥幸心理，降低直至完全消除这种行为重复出现的可能性。

(3) 负强化　与正强化和惩罚都是在行为发生之后再进行处理不同，负强化是一种事前的规避。它通过规定什么样的行为不符合组织目标的要求，以及如果干部发生不符合要求的行为组织将予以何种惩罚，使干部从力图避免得到不合意、不愉快结果的考虑中对自己的行为形成一种约束力。这种约束、规避的作用会使组织成员的行为趋向于符合要求的、比较规范的状态，所以这是一种非正面的对所希望行为的强化，称为负强化。

负强化与惩罚是相关联但不同的两个概念。俗语"杀鸡儆猴"形象地说明了两者的联系与区别。对出现了违规行为的"鸡"加以惩罚，意欲违规的"猴"会从中深刻意识到组织规定的存在，从而加强对自己行为的约束。当然，规定本身并不一定就是负强化，只有当它使干部对自己的行为形成了约束即"规避"作用时才是负强化。

（4）忽视　忽视就是对已出现的不符合要求的行为进行"冷处理"，以达到"无为而治"的效果。与惩罚一样，忽视也可能使组织或职业院校管理者所不希望的行为弱化下来，但这种行为弱化过程并不需要职业院校管理者的干预，所以人们常称之为自然消退。

强化理论认为，职业院校管理者影响和改变干部的行为应将重点放在积极的强化而不是简单的惩罚上，惩罚虽然在表面上会产生较快的效果，但其作用通常是暂时的，而且对干部的心理易产生副作用。同时，负强化和忽视对干部行为的影响作用也应该受到重视。因此，四种行为强化方式应该配合起来使用才能达到最好的效果。

2.2.2.7　综合激励理论

在总结以上各种激励理论的基础上，管理学家斯蒂芬·P·罗宾斯（Stephen P. Robbins）提出了包括期望理论、公平理论、强化理论等多种激励思想在内的一个综合激励理论模型（如图2-4所示）。❶ 从模型图上可以看出，要真正达到绩效激励的效果，就必须根据具体情况灵活采用激励理论或综合采用几种激励理论。但无论采用什么激励方法，都必须坚持两个基本原则：一是要坚持公平对待；二是个人的绩效必须得到适当的报酬和认可。在制订实施绩效激励计划的过程中，不仅要关注货币薪酬激励，还要关注非货币激励。任何组织都不能忽视激励的功能，不能忽视制订和实施绩效激励计划的作用。在风险很高的经营环境下，绩效激励计划设计的重要性不亚于基本薪酬设计的重要性，甚至在某些情况下它的重要性还要更高一些。

---

❶ 王利晓：《管理学基础》[M]. 西北大学出版社，2019，第231页。

第 2 章 干部管理与培养的相关概念及理论概述

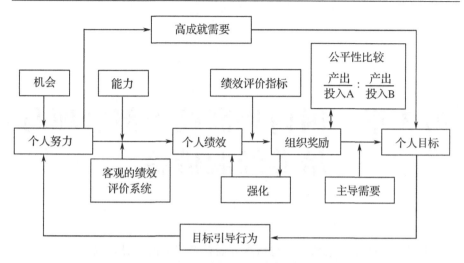

图 2-4 综合激励理论模型

综合上述各种激励理论，它们对制订绩效激励计划有以下几点启示。

（1）干部的需要会影响干部的行为，只有能够满足干部不同需要的薪酬体系才会真正具有激励性。在干部的需要多样化的情况下，单一的薪酬体系或者薪酬结构可能无法为干部带来满足感，弹性的薪酬体系或者多样化的薪酬体系对干部绩效的诱导因素可能是最强的。

（2）激励要建立在公平的基础上才有效。薪酬管理的许多工作应当注意公平性，其表现为是否能获得必要的工作条件和资源支持，干部的绩效能否得到准确、公平的评价，干部的绩效能否得到公平的报酬。

（3）绩效激励计划的成功需要职业院校与干部之间良好的沟通。组织要通过沟通确保干部了解职业院校的期望以及达到职业院校的期望后所获得的报酬，这样干部就有了明确的目标和工作的动力，以保证绩效激励计划的顺利实施并取得预期的效果。

第 3 章　国内外高校干部管理与培养经验借鉴

世界各国高校在干部管理与培养方面存在很大的差异，因此，对世界各国高校干部管理与培养的情况进行研究，有助于为我国高校干部管理与培养提供经验借鉴。不断丰富和完善我国高校干部管理与培养的制度，以适应新时代教育改革和发展的要求，为人才强国战略提供支撑，促进我国高校建设事业的发展壮大。

3.1　国外高校管理人才培养的启示

3.1.1　西方大学管理人员的职业变迁

大学诞生于西方，因此研究高校管理人员的专业发展问题，必须首先梳理西方高校管理人员专业发展历程。

从大学发展的历史来看，一般将西方大学分成中世纪大学、近代早期大学（1500～1800 年）、近代大学（1800～1945 年）和现代大学（1945 年至今）四个发展阶段。应该说，作为一种组织，大学自从其诞生的那一天起就有管理活动，但是并无管理职业。大学内部拥有专职的管理人员，还是大学发展到一定历史阶段以后的产物。从西方大学发展的历史来看，随着大学规模的扩大和管理活动的增多，大学管理人员的职业角色也经历了"业余人""职业人"和"专业人"三个历史发展阶段。

3.1.1.1 传统大学管理职业的业余性

一般而言，人们普遍承认现代意义上的大学诞生于中世纪的欧洲，在近代逐渐传播到了世界各地。在研究中，一般将传统大学分为中世纪大学和近代早期大学两个阶段。在形态上，这两个阶段的大学的管理活动有许多共同之处。

(1) 中世纪大学的管理活动概况　现代大学滥觞于中世纪大学，而中世纪大学来源于师生的自愿结社，"在每一个城市里，只要某一职业有大量的人，这些人就会组织起来，以便保护他们的利益，以及引入有利于自己的垄断机制"。❶ 在中世纪，有两个拉丁语 Studium generale 和 universitas scholarium 的使用成为中世纪大学的标志。这反映出两种组织的特征。Studium generale（大学馆）是自发产生或者由教皇或皇帝颁布特许状而建立的，它有权授予毕业生在任何大学任教的许可。Universitas 一词范围很广，在法律上，它意味着所有类型的法人和社团。❷ 与中世纪所有法人团体一样，在某种程度上，大学是按照它们所享有的特权来进行划分的。"在这些特权中，首要的和最重要的是自治权，即大学作为法人团体有权处理与外部的关系、监督成员（不管是教师还是学生）的录用、制定自己的章程并通过一定程度的内部管辖强制实行，而其他的特权则由法人团体的成员所享有。教师和学生具有相同的个人地位"。❸ 这种情形产生于12世纪而定型于13世纪。这些情况深刻地影响了大学的组织和结构的形成。

在中世纪大学中，按照其治理主体划分，可以分为以巴黎大学为代表的教师大学和以博洛尼亚大学为代表的学生大学。在巴黎大学和其他效仿巴黎大学模式的大学中，学院是最重要的分支机构。在以巴黎大学为代表的教师大学中，大学一般由四所学院所构成，即由一个低级学院（即文学院）和三个高级学院（神学院、法学院和医学院）所构成。当然，在采纳巴黎大学模式的西北欧大学和中欧大学中，并不一定都完整地具有四个学院，很多大学

---

❶ [法] 雅克·勒戈夫：《中世纪的知识分子》[M]. 张弘，译. 商务印书馆，2002，第59页.
❷ [比利时] 希尔德·德·里德-西蒙斯：《欧洲大学史（第一卷）·中世纪大学》[M]. 张斌贤，等译. 河北大学出版社，2008，第119—120页.
❸ [比利时] 希尔德·德·里德-西蒙斯：《欧洲大学史（第一卷）·中世纪大学》[M]. 张斌贤，等译. 河北大学出版社，2008，第120页.

只有两到三个学院，但基本上都具有文学院。❶ 而在以博洛尼亚大学为代表的学生大学中，则是由两个"大学"或者许多"同乡会"组成，每个同乡会也都有不同的特殊的地理来源。其中，这两个"大学"包括法律大学（也可称为法学院）和文科与医学大学（也可称为文学院与医学院）。而每一个"大学"（或称学院）又被分成两个团体："山内联盟"和"山外联盟"，其中"山内联盟"由来自意大利半岛的学生构成、"山外联盟"则由来自阿尔卑斯山脉以外地方的学生组成。❷ 由此可见，在以博洛尼亚大学为代表的学生大学中，大学和学院多少是同义词。

在以上两种类型的大学中，学院承担了很多管理工作。作为一个学者社团，每一所学院都有自己的负责人，通常被称为院长（dean），一个财务主管、执礼杖者等。其中，院长这一职位最早出现在13世纪的巴黎大学和蒙彼利埃大学，到14世纪时逐渐出现在其他地方。院长由从事教学工作的资深教师担任，负责学院的管理教学、辩论和考试。在牛津大学，学院则最早出现在1208～1209年，文学院占据了支配地位，高级学院则不设院长。而在意大利的学院-大学（faculty-university）中，校长行使着与阿尔卑斯山以北大学学院中院长同样的职责。❸ 此外，在不同类型的大学中，成为一名院长所需要的资格和选举程序都不相同，也没有统一的规定。

在部分中世纪大学中，往往主教的代理人就是大学的首领，他对大学师生拥有绝对的权力。在13世纪的发展中，大部分主教代理人的司法权力被转移给了这个新机构中选出的负责人——校长来承担。根据组织类型的不同，校长可以在学生当中选举产生（如博洛尼亚大学），也可以在教师当中选举产生（如巴黎大学），而在混合组织类型的大学中，校长则是一位由学生和教师一起选举产生的教师（如奥尔良大学）。校长的候选人必须满足如下条件才能当选：①必须是成年人，通常要求年满25岁或者25岁以上；②是一位神职人员，便于他来履行对作为神职人员的学生的司法权；③拥有

---

❶ ［比利时］希尔德·德·里德-西蒙斯：《欧洲大学史（第一卷）·中世纪大学》[M]. 张斌贤，等译. 河北大学出版社，2008，第123页.

❷ ［比利时］希尔德·德·里德-西蒙斯：《欧洲大学史（第一卷）·中世纪大学》[M]. 张斌贤，等译. 河北大学出版社，2008，第121页.

❸ ［比利时］希尔德·德·里德-西蒙斯：《欧洲大学史（第一卷）·中世纪大学》[M]. 张斌贤，等译. 河北大学出版社，2008，第124页.

一定的财产，因为办公需要很多额外的开销；④是一位大学毕业生；⑤具有比较高的道德水准。校长在不同大学中任期是不同的，校长既是大学的行政首领，同时也是学校议会所做出的决议的执行者、特权和章程执行的监督者。在大学内部管理中，校长的最主要职责是维持纪律、主持大学法庭，审判和惩罚犯罪的大学人员。❶ 但是，在一所大学中，治理的权力则属于"全体集会（general assembly）"。根据大学组织结构的不同，全体集会由教师、教师和学生或者只有学生这三种形式构成，一般由校长主持。此外，除了大学层面的全体集会之外，在学院、同乡会以及学舍这些层面的组织中也有集会。但是，随着大学规模的扩大，各个大学开始普遍减少全体集会活动，而把大学的事务和决定权交给由一小部分领导官员组成的议会来处理。在大学早期阶段的巴黎，所有学院的摄政教师组成了管理大学的全体集会，校长必须服从它的管理。❷ 总的来看，在中世纪大学中，由于大学规模小，有的大学甚至没有固定的校舍，而且人员极不稳定。大学的管理人员数量也比较少。在这样的情况下，大学内部的治理和管理活动都较为简单，往往都是由师生自发推选一些学者或者学生作为社团的"领袖"，承担大学的治理与管理活动，甚至有的时候还是轮流担任，大学管理人员是一种"业余人"的角色。所谓"业余人"就是指大学管理人员从事大学管理工作不是为了谋生，而仅仅是因为一种责任或荣誉。他们之所以成为大学的管理人员，要么是因为德高望重，学识渊博，要么是因为具有个人魅力。他们的主业是教师或者学生，管理活动是他们的"副业"，只有在不得不从事管理活动时他们才承担管理人员的角色，其余时候都是教师或学生。

在中世纪大学中，除了大学的高级官员和同乡会、学院和学舍的管理人员以外，还存在着其他常设的或者临时性的"管理人员"——他们一般来自大学之外，会根据需要承担着大学、学院或者学舍管理的职责，但他们既不属于教师团体，也不属于学生团体。起初，他们的角色受到限制，但是随着大学的发展，越来越需要大学之外有能力的官员来进行健全的管理。其中，

---

❶ ［比利时］希尔德·德·里德-西蒙斯：《欧洲大学史（第一卷）·中世纪大学》［M］.张斌贤，等译.河北大学出版社，2008，第132页。

❷ ［比利时］希尔德·德·里德-西蒙斯：《欧洲大学史（第一卷）·中世纪大学》［M］.张斌贤，等译.河北大学出版社，2008，第137页。

执礼杖者和信使是最初的外部管理者。每一所大学都有一个总的执礼杖者，同时也有几个次级的执礼杖者。在大学的仪式中，执礼杖者往往都会拿着带有装饰的权杖；同时，执礼杖者的日常工作职责还包括负责在集会上收集选票、宣读必须阅读的材料和准备出售的书单、保存毕业生的名单、宣读布告和新章程的条文．收取学费和罚款、记录那些受审要被监禁的名单、负责看管学校的财产等。而信使则是和同乡会同时出现的，他们的工作是奔波于学生及其家庭之间，负责传递钱、物品和信件。此外，许多同样的官职还以不同的名称在很多大学中出现。譬如，博洛尼亚或者巴黎的速记员（notarius）和鲁汶大学的口述者（dictator）其实都承担着现代意义上的秘书的职责，主要负责保存学生的录取资料、记录大学的官方行为、书写文件和信件等。❶ 剑桥大学在1275年有了副校长（Vice-Chancellor），但是仅仅在校长离校的情况下行使职权。剑桥大学很早就有了院监，13世纪晚期院监被分离为庶务监和学监，庶务监的职责是评估大学持有的不动产租金和审查大学所采购的物品。学监的权力范围比较大，他们负责课程的安排、典礼、礼拜活动或其他仪式的组织，财政费用收据的开出与保管等。❷ 总的来看，以上这些来自大学外部的管理者有点类似于我们今天大学的职员和服务人员。在中世纪大学中，相比于教师和学生，这些"管理者"的数量和种类还是比较少的。

（2）近代早期大学的管理活动概况　近代早期被称为大学发展史上的"冰河期"。从组织结构上来看，中世纪时大学所获得的特权基本上都延续到了近代早期。在大学内部治理与管理活动中，大学代表、大学立法机构和大学管理机构组成了全体大会（16世纪以后一般称作评议会）。评议会的人员组成随着大学的不同而有所不同。在中世纪的时候，每个毕业生都是全体大会的一名成员。从16世纪开始，文学院内部开始出现了逐渐削弱青年教师和讲师参与大学治理权利的趋势。在法国的大学、德意志帝国和瑞典的部分大学中，把全体大会称作"庄严集会"，只有常任教授才能够参加。❸ 在大

---

❶［比利时］希尔德·德·里德-西蒙斯：《欧洲大学史（第一卷）·中世纪大学》[M]．张斌贤，等译．河北大学出版社，2008，第139页。
❷郑成琳．《剑桥大学治理结构研究》[D]．华中师范大学硕士学位论文，2011，第12页。
❸［比利时］希尔德·德·里德-西蒙斯：《欧洲大学史（第一卷）·中世纪大学》[M]．张斌贤，等译．河北大学出版社，2008，第182页。

学内部，全体大会承担了大学内部决策和治理的功能。大体上，所有的立法、管理和法定的工作都是全体大会的管辖范围。全体大会的成员可以为履行某些特定任务而组成委员会并任命代表。譬如，全体大会的成员可以被委任为图书管理员、档案保管员、账单审查员或印刷所监管员。为了对大学进行日常管理，就产生了一个精简的理事会。理事会是一个行政委员会，其组成差别很大。它可以由校长和代表组成，可以由校长和院长组成，可以由校长和每个学院一名或多名教授组成，也可以有其他的组成方式。❶ 而在大学内部，各学院也同样有它们自己的委员会，由各学院院长任主席。通常院长是从委员会的成员中选出来的。一名秘书和一名司库辅助院长工作。学院的成员对学院的工作负责，在成员任命或增选上具有相当大的自治权，他们拥有制定章程，决定教学、课程及考试的实际组织和学位授予等权力。❷

在近代早期，校长作为大学领导者的任命和发挥的作用并没有发生什么显著改变。在巴黎大学，校长仍然由文学院的四个同乡会中的在任教师选出。而在普瓦捷大学、奥尔良大学，校长是由同乡会的会长们选出的。然而，在阿尔卑斯山以北的大多数国家的大学里，校长是由全体大会在常任教授中选出。在其他地方的很多大学，则是由教授们轮流担任校长职务，选举程序不过是走一个过场。❸ 此外，在许多西班牙和意大利的大学里，仍然保持着中世纪以来推选学生校长的传统，但是这一校长职位也日益成为一种荣誉职位。在一些大学中，甚至开始取消学生校长这一职位，学生只保留选举权，校长必须在教授中选举产生。❹ 从15世纪开始，牛津大学和剑桥大学不再选举一位研究员做荣誉校长，而选举一位不住校的显贵作为校长，而大学的真正领导（或校长）则变成了常务副校长，常务副校长变成了行政权力

---

❶ [比利时] 希尔德·德·里德-西蒙斯：《欧洲大学史（第一卷）·中世纪大学》[M]. 张斌贤，等译. 河北大学出版社，2008，第183页.
❷ [比利时] 希尔德·德·里德-西蒙斯：《欧洲大学史（第一卷）·中世纪大学》[M]. 张斌贤，等译. 河北大学出版社，2008，第184页.
❸ [比利时] 希尔德·德·里德-西蒙斯：《欧洲大学史（第一卷）·中世纪大学》[M]. 张斌贤，等译. 河北大学出版社，2008，第185页.
❹ [比利时] 希尔德·德·里德-西蒙斯：《欧洲大学史（第一卷）·中世纪大学》[M]. 张斌贤，等译. 河北大学出版社，2008，第186页.

的代表人。❶ 以上这些大学校长或者副校长的职责非常多。作为大学的领导,他对外代表着大学,对内则协调管理组成大学的那些学术组织。同时,校长还是大学理事会(评议会)或者全体大会的主席,是学术法庭的法官,负责大学内部的教育、学科、管理和财政。当校长辞职时,须经过一次查账之后,将大印章、账簿和现金交给继任者。❷ 由此可见,虽然教授在大学治理和管理中的权力日益增加,大学校长的职能也在增多,但是总的来看,大学校长仍然主要是一种兼职的角色。

在近代早期,在校长履行自己管理职责时,往往会有一个或几个秘书(登记员、抄写员、记账员)、文书、评议会特别委员会的委员和仪仗官来协助其开展工作。这些辅助性的管理人员至少是文科硕士毕业,或是法学学士或硕士,连仪仗官常常都是受过大学教育的。譬如,从1570年开始起用的马伯格大学的章程清楚地写道:"要选择两名仪仗官,如果可能的话,他们应是文科硕士,至少也应是文科学士。"这些官员既可以是大学的成员,也可以是校外人士。他们的职能与中世纪时几乎是一样的。在学生型大学里,司库、秘书、文书和仪仗官不是由学生来担任,而是由市镇市民来担任。与中世纪大学相比,信使这一职位显得不那么重要了,逐渐成了城市的公民的一个荣誉职位了。❸ 由此可见,随着大学规模的扩大,管理人员的数量开始缓慢增长。

在近代早期,财务主管一直是大学管理中的一个重要人物。当然,这一职位的称呼有司库、财会总监、金库保管员、财务专员、膳食供应员、收银官、总管、消费督察、管理者等。财务主管负责掌管大学的物资、资金,以及组织大学的物质生活。他们由收款人协助工作,每年都要指派大学中的一些成员审查账目。大多数的大学和学院往往都聘有多名财务主管,有专管地产的、有专管资金的、也有专管校内事务的。譬如,萨拉曼卡大学就有不少

---

❶ [比利时] 希尔德·德·里德-西蒙斯:《欧洲大学史(第一卷)·中世纪大学》[M]. 张斌贤,等译. 河北大学出版社,2008,第187页。

❷ [比利时] 希尔德·德·里德-西蒙斯:《欧洲大学史(第一卷)·中世纪大学》[M]. 张斌贤,等译. 河北大学出版社,2008,第187页。

❸ [比利时] 希尔德·德·里德-西蒙斯:《欧洲大学史(第一卷)·中世纪大学》[M]. 张斌贤,等译. 河北大学出版社,2008,第187—188页。

于 4 名财务主管,包括两名学术人员、一名神职人员和一名市民。❶ 除了财务主管,还有很多的大学具有专业的图书管理员、档案管理员和印刷商。具有执照的印刷商和书商是大学成员,由于具有这一地位,他们享有学术团体的所有特权。❷ 另外,随着大学与所在城镇关系越来越密切,也有越来越多的外部人士开始介入大学的管理活动中来。中世纪时掌膳宿质量和价格的管理员继续保留下来,税务官和管理官员,膳宿员、市场职员等仍然在城市中活跃着。❸ 大学中的这些变化与大学逐渐拥有稳定的校舍和资产密切相关,当一个组织规模逐渐扩大以后,管理活动会相应地增加,管理人员的数量也会增长。

那么,近代早期大学职员的收入情况如何呢?我们可以从德国林特尔恩大学的一份工资单上管窥近代早期大学教师和职员的工资情况。1665 年,该大学的 12 名教授的工资从 150 马克到 350 马克不等,其工资是用大学资金支付的。而其余人员的工资都是用大学资金以外的钱支付的,其中一名秘书的工资为 60 马克、一名印刷商的工资为 50 马克、两位仪仗官的工资为每人 50 马克。在 1748~1749 年的工资单上,13 名教授的工资介于 100~547 马克之间,一名学术助理的工资为 20 马克、一名法律顾问的工资为 50 马克、一名管理人员的工资为 81 马克、一名督导员的工资为 27 马克、一名物品管理员和一名仪仗官的工资都为 60 马克、一名击剑教练的工资为 100 马克、一名舞蹈教师、一名印刷商和一名园丁的工资分别为 50 马克、一名装订工人的工资为 25 马克、学生宿舍主任的工资为 740 马克。林特尔恩大学支付的工资和耶拿大学的差不多,但仅是哈勒大学工资的一半。❹ 由此我们不难看出,在当时的大学中,教授的工资仍然处于绝对的优势地位。

综上所述,到了近代早期甚至近代的一些小型学院中,随着大学规模的

---

❶ [比利时] 希尔德·德·里德-西蒙斯:《欧洲大学史(第一卷)·中世纪大学》[M]. 张斌贤,等译. 河北大学出版社,2008,第 188—189 页。
❷ [比利时] 希尔德·德·里德-西蒙斯:《欧洲大学史(第一卷)·中世纪大学》[M]. 张斌贤,等译. 河北大学出版社,2008,第 189 页。
❸ [比利时] 希尔德·德·里德-西蒙斯:《欧洲大学史(第一卷)·中世纪大学》[M]. 张斌贤,等译. 河北大学出版社,2008,第 196 页。
❹ [比利时] 希尔德·德·里德-西蒙斯:《欧洲大学史(第一卷)·中世纪大学》[M]. 张斌贤,等译. 河北大学出版社,2008,第 190 页。

扩大，大学管理活动有所增长，这个时候大学管理人员虽然仍然由教师兼任，但是也开始具有一定的"任期"和专门的办公室，正如伯顿·克拉克所描绘的那样："他们的办公室不大，与基层有密切的联系，成员是兼职的，一些教授轮番入住满是灰尘和催人入睡的角落。"❶ 这些教师在兼职一段时间的管理工作后往往就会回到自己的教师岗位上继续从事教学研究工作。现今，一些高校让部分青年教师承担教学秘书、科研秘书的做法仍然可以看作是高校内部管理人员"业余人"角色的翻版。

3.1.1.2 近代大学中管理职业的兴起

近代以来，伴随着宗教改革而来的是近代民族国家的建立，学校教育的特殊价值迅速引起了宗教组织和国家的注意，"在欧洲各国，教育被证明是创建一个国家最有力的工具，同样地，美国的公立学校教育业被证明是形成民族意识的最强有力的武器"。❷ 正是在这种思想的指导下，欧美各国都把建立完整的国民教育系统纳入国家建设的重要任务，学校教育开始受到普遍的关注，公立教育机构被迅速地建立起来，各个国家还纷纷建立义务教育体制。"教育以不可逆转之势，被认为是正规的、系统的学校教育的同义词，而学校教育本身也就成了国家的一个基本特征。"❸ 如果说为国家培养合格的官僚和忠诚的国民是 17 世纪到 19 世纪教育发展的主要动力的话，那么，兴起于 19 世纪下半叶一直持续至今的满足经济发展需要的思潮就成了教育发展的另一个动力。教育越来越引起公众和国家的普遍关注。正如安迪·格林所说的那样："专门的教育体制的建立和正规教育及职业培训的垄断地位的确立，标志着教育概念和形式的一次变革，也意味着学校教育，社会和国家三者关系的一次变革。教育不仅变得大众化了，而且还成为社会组织的一个核心特征。"❹ 从培养各行各业所需要的技术人才到承担扫盲教化，从为

---

❶ [美] 伯顿·R·克拉克:《高等教育系统——学术组织的跨国研究》[M]. 王承绪，等译. 杭州大学出版社，1994，第 100 页。

❷ [英] 安迪·格林:《教育与国家形成：英、法、美教育体系起源之比较》[M]. 王春华，等译. 教育科学出版社，2004，第 184 页。

❸ [英] 安迪·格林:《教育与国家形成：英、法、美教育体系起源之比较》[M]. 王春华，等译. 教育科学出版社，2004，第 7 页。

❹ [英] 安迪·格林:《教育与国家形成：英、法、美教育体系起源之比较》[M]. 王春华，等译. 教育科学出版社，2004，第 9 页。

第3章 国内外高校干部管理与培养经验借鉴

政府提供智囊支持到意识形态宣传,从为经济增长贡献研究成果到为文化传承创新提供支持,学校成了几乎无处不在、无所不能的机构。在近代早期,由于大学远离社会的发展,处于"象牙塔"的地位,因此大学与外界接触得不是很多。但是随着国家对大学的介入越来越多,导致大学与外界的联系日益密切,大学内的管理活动日益增多,这也使得大学迫切需要专职的管理人员来承担这些对外联系工作。

近代以来,大学组织的功能及其在社会生活中的地位都发生了巨大的变化。在中世纪和近代早期大学中,大学的规模比较小,职能比较单一。而等到德国柏林大学建立以后,大学承担了教学科研双重功能,其身上的责任越来越重。而到了19世纪下半叶,随着美国《莫雷尔法案》的出台,"赠地学院"如火如荼地开展,在此基础上美国大学形成了"威斯康星理念",社会服务开始成为大学的又一项主要功能。也就在这一时期,在工业革命和城市化运动的推动之下,大学的人数剧增,学校也开始面临越来越多的管理问题。同时由于大学教师需要承担越来越多的教学科研任务,而且教学科研和教师的未来发展联系越来越密切,这导致教师越来越不愿意承担大学的管理工作,这些问题的解决呼唤职业化管理人员的诞生。在这种背景下,一部分大学开始逐渐拥有一批专门从事服务保障工作的管理人员。他们由于专职从事管理服务工作,职业角色就是"职业人"。

应该说,在19世纪初以前,大学的管理都没遇到过问题,这是因为学生和教师的人数都很少。在法国,19世纪的大部分时间里,"行政管理通常仅由一位学院秘书负责,并有一位会计秘书、若干守门人和服务人员的协助。物质方面的问题也仅限于供暖和可能出现的教学场所的照明问题。"❶但是,这些情况在整个19世纪下半叶发生了重大的变化,大学组织的变化使得大学管理面临着更加烦琐、细致与繁重的管理任务,也需要更多的管理队伍。这种管理队伍主要集中在三大方面。

(1)人员管理 "在19世纪初,服务性雇员包括几位守门人、秘书和司库,可能还有一两名图书管理员。科学学科的拓展、学生实验的引入,行政管理任务的增加,这些都需要一支更大、更多样化的服务队伍来各司其

---

❶[瑞士]瓦尔特·吕埃格:《欧洲大学史(第三卷)·19世纪和20世纪早期的大学(1800—1945)》[M].张斌贤,杨克瑞,等译.河北大学出版社,2014,第120页。

职，实验室助手、助理图书管理员，解剖员和秘书处的会计员。"❶ 从美国大学发展的历史来看，在殖民地时期，大学院校的管理人员只校长一人，校长之下无行政组织，校长一人总理校务。到了19世纪和20世纪初期，在一些规模较小的大学中，校长往往身兼数职，除了视察校务之外，更有其他多项业务。❷ 19世纪下半叶，随着美国大学规模的扩大，校长的职责逐渐分化。首先，由于大学图书资料的增加，图书馆管理员成为单独的职位；其次，由于美国大学选科制大行其道，于是由专人负责的注册人员开始出现。从19世纪90年代开始，美国大学中开始出现不少处理男女学生事务的"学务长"（deans）。20世纪初，随着大学对外交往的扩大，出现了公关室主任、各业务主管入学单位负责人等行政管理职位。19世纪末，有些规模较大的大学开始设置副校长；从20世纪初开始，各个大学几乎都开始设置副校长。❸ 一项研究表明，美国大学的行政管理人员在1860年以前，平均为4人；而到了1933年以前，则增加到30.5人，其中有一所人数为137人。❹ 由此可见，作为一类职业人群，大学管理人员在大学内部的作用开始日益凸显。自19世纪末开始，大学内部教职员工人数迅猛增长，"一些大学雇用了上百名员工，其中一些在二战前的雇员人数就超过了数千人。这些雇员各自有着不同的身份地位：教师、兼职讲师、助教、实验室助理、办公室人员等。"❺ 对于这些人员的招聘有着严格的程序，需要管理的介入。此外，作为一种职业，教学职责的各个阶段需受行政部门的管辖，因为教师之间在工资和奖金方面存在着巨大的差异。同时，在日常教学中，对于教师教学过程的管理也加大了。

（2）学生管理　由于大学在个人职业发展中的重要性日益凸显，导致学生需要一定程序的入学考试，招生管理成为大学一项重要的管理工作。学生

---

❶ [瑞士] 瓦尔特·吕埃格:《欧洲大学史（第三卷）·19世纪和20世纪早期的大学（1800—1945）》[M]. 张斌贤，杨克瑞，等译. 河北大学出版社，2014，第113页。
❷ 林玉体:《美国高等教育之发展》[M]. 高等教育文化事业有限公司，2002，第41页。
❸ 林玉体:《美国高等教育之发展》[M]. 高等教育文化事业有限公司，2002，第587页。
❹ 林玉体:《美国高等教育之发展》[M]. 高等教育文化事业有限公司，2002，第662页。
❺ [瑞士] 瓦尔特·吕埃格:《欧洲大学史（第三卷）·19世纪和20世纪早期的大学（1800—1945）》[M]. 张斌贤，杨克瑞，等译. 河北大学出版社，2014，第121页。

入学后的注册工作、学生日常的教育管理问题也日益重要。❶ 学生事务管理的从业人数日益增加。

(3) 财务资产的管理　由于师生人数的增加，处理财产、实验室设备和图书馆等的任务也随之增加了。大学中的基础建设需要开工、新的实验室需要创建，图书资料需要增加，这使得"管理部门天天面对的是应急事件（维修房屋、更新科学设备）的处理和财产持有政策的制定，这意味着他们要与政府、地方社团以及使用者本人进行协商。"❷ 管理任务的膨胀迫使大学需要更多的管理人员。

近代以来，无论是政府的教育管理部门，还是院校的行政管理部门，都发生着"行政工作的专门知识和技能在增加。在擅长的工作岗位，从国家工作人员和院校行政人员，都经历着从非专业性人员向专家的转化，非专业性人员被以行政为生涯的人所替代，他们是各行政领域的专家，任期长，采用聘任制而不是选举产生。协调机构的构成也转变到更多地依靠专职的永久人员，而较少依靠兼职的一般性人员。"❸ 社会分工的扩大也导致了大学组织与其他组织开始互相学习，职业院校、政府机构的管理思想、管理技术也开始影响大学，这使得大学组织内部开始仿效其他组织设置相关的管理部门。职业院校管理、政府管理的思想也开始影响大学。尤其是现代官僚制组织的诞生，使得大学管理人员开始具有自己独特的文化。正如埃弗雷特·休斯（Everett Hughes）所说的那样："当一组人形成了一点共同的生活从而与其他人有了一定的距离，当他们占据社会一个共同的角落，有了共同的问题，或许有了几个共同的敌人的时候，文化便产生了。"❹ 于是，高校管理人员开始不对教师和学生负责，而只对主管自己的上级负责，管理人员中的领导

---

❶［瑞士］瓦尔特·吕埃格：《欧洲大学史（第三卷）·19世纪和20世纪早期的大学（1800—1945）》[M]．张斌贤，杨克瑞，等译．河北大学出版社，2014，第122页。
❷［瑞士］瓦尔特·吕埃格：《欧洲大学史（第三卷）·19世纪和20世纪早期的大学（1800—1945）》[M]．张斌贤，杨克瑞，等译．河北大学出版社，2014，第122页。
❸［美］伯顿·R·克拉克：《高等教育系统——学术组织的跨国研究》[M]．王承绪，等译．杭州大学出版社，1994，第165页。
❹［美］伯顿·R·克拉克：《高等教育系统——学术组织的跨国研究》[M]．王承绪，等译．杭州大学出版社，1994，第83页。

者"凭借自己在特定时间内的官职对他们的下属行使法定的权力。"❶ 在这样的背景下，专职管理人员已经开始产生。譬如，美国大学从20世纪初开始聘用专门的人员来补充学生事务管理队伍，1919年，耶鲁大学首次设立了学生辅导主任的职位。❷ 随着大学规模的扩大，大学内的专职管理人员日益增多，大学管理人员日益成为大学中的另一个权力来源。"当大量校园行政人员相互联系在一起的时候，有关自身的准自治文化将同校园中的教师文化和学生文化一起形成。"❸ 大学内部学术人员与行政人员的冲突开始逐渐产生。

3.1.1.3 现代大学中管理职业日益专业化

第二次世界大战以后，随着高等教育大众化与普及化阶段的来临，现代大学日益成为一种"多元化的巨型大学"，这种大学"有若干目标而不是一个目标，有若干权力中心而不是一个权力中心，服务于若干群客户而不是一群客户。它不崇尚单一上帝，它不构成单一的、统一的共同体，它没有分别界定的一些客户群"。❹ 这导致高等教育组织的使命日益多样化。

随着大学规模的扩大、组织结构的复杂化，传统的大学管理模式已经难以适应大学发展的需要。科层化管理开始引入大学，大学行政管理工作变得越来越专门化。"大学科层化管理的明显特征就是教师和学生在大学管理事务中的退出，由专业化的管理队伍专门负责大学管理工作。随着大学的发展，他们也在不断拓展自己的队伍、管理范围，提升自己的专业能力与职业声望。"❺ 由于大学规模的扩大，内部管理更加复杂，使得大学内部对于专职管理人员的需求也在不断增长。比如，1950年，明尼苏达大学的非学术性人员达到4000人之多，其中包括职员、统计人员、营养学家、卡车司机

---

❶ [英] 托尼·布什：《当代西方教育管理模式》[M]. 强海燕，等译. 南京师范大学出版社，1998，第42页。

❷ [美] 茱丽·A·罗宾：《现代大学的形成》[M]. 尚九玉，译. 贵州教育出版社，2004，第295页。

❸ [美] 伯顿·R·克拉克：《高等教育系统——学术组织的跨国研究》[M]. 王承绪，等译. 杭州大学出版社，1994，第131页。

❹ [美] 克拉克·克尔：《大学之用》[M]. 5版. 高铦，等译. 北京大学出版社，2008，第77页。

❺ 李雪飞：《20世纪以来管理思潮对大学管理变革的影响》[J] 江苏高教，2016（2），第61页。

等。1883年,美国高校非教学人员所占比例仅为17%,1933年上升到34%,而1976年则已达到66%。❶有学者对于美国9所一流研究性大学的管理人员与教师之间的比例(管师比)进行研究(其中教师基本上为专职教学型教师。管理人员包括管理者、执行者和辅助性职员等在内的广义管理人员)发现,美国大学管理人员数量普遍高于教师数量,统计和计算结果如表3-1所示。

表3-1 美国9所一流研究型大学管师比❷

大学	管理人员数/教师数		
	1995~1996	2005~2006	2012~2013/2011~2012
哈佛大学	9310/1693(5.50)	12131/2497(4.86)	11948/2249(5.31)
耶鲁大学	6216/2920(2.13)	8169/3333(2.45)	9323/4140(2.25)
哥伦比亚大学	—	10428/3401(3.07)	11998/3763(3.19)
加州大学(伯克利)	17078/1618(10.56)	18623/1953(9.54)	19632/2177(9.02)
密歇根大学(安娜堡)	12724/4470(2.85)	12818/4780(2.68)	13494/6682(2.02)
明尼苏达大学(双子城)	18985/3150(6.03)	19113/3169(6.03)	19376/3553(5.45)
得克萨斯大学(奥斯汀)	12071/2484(4.86)	14165/2734(5.18)	14991/3081(4.87)
威斯康星大学(麦迪逊)	312761/22364(13.99)	13071/2210(5.91)	14105/2173(6.49)
弗吉尼亚大学	10939/32984(0.33)	13185/3346(3.94)	13932/2887(4.83)
平均数	5.78	4.85	4.83

注:以上数据不包括医学中心的人员数据。所有统计数据也不包括学生雇员和研究生助理。教师兼任管理职务的,只统计教师身份。如果对应年份缺乏数据,则以相邻年份来替代。如密歇根大学和明尼苏达大学1995~1996学年和2005~2006学年的数据实际上为2002年和2003年的数据。而哈佛大学、得克萨斯大学、威斯康星大学和弗吉尼亚大学2012~2013年度的数据实际上为2011~2012学年的数据。

从表3-1可以看出,单个院校在近20年的纵向发展中,除了威斯康星大学麦迪逊分校、弗吉尼亚大学的管师比呈明显上升趋势之外,其余院校的管师比基本呈下降趋势。但是如果再仔细看一下数字,可以看到管理人员和

---

❶ 陈学飞:《美国高等教育发展史》[M].四川大学出版社,1989,第203页。
❷ 陈超:《美国一流研究型大学教师管理人员结构的纵向研究——基于9所一流研究型大学的统计分析》[J].清华大学教育研究,2015(6),第41页。

教师人数都持续增长，总体规模持续扩大，管师比一直维持在较高水平，并且发展水平比较稳定，只是近年来呈现出略微下降的趋势。事实上，美国学者布劳1973年推算的美国大学和学院中管理人员与教师之间的平均比例（管师比）为1∶4，即1个管理人员对应4名教师，教师的数量远远多于管理人员的数量。可是，之后的发展表明，美国一流研究型大学的管师比已经完全反转过来，管理人员的数量大大超过了教师。❶这一趋势反映了美国大学一流研究型大学的变迁，也说明随着大学规模的扩大，对于管理人员的需求越来越多。

管理人员在大学内部事务中的重要性日渐提高使得大学管理者越来越重视管理者的素质和管理方法的研究。正如美国前加州大学校长克拉克·克尔所说的那样：“无论在什么地方，行政管理已成为大学的一个更为显著的特征，这是普遍规律。由于机构变大了，所以行政管理作为一种特殊的职能变得更为程式化和更为独立出来了；由于机构变得更为复杂，行政管理的作用使大学整体化方面变得更加重要了；由于学校同过去的外部世界的关系更加密切了，行政管理就承受了这些关系所带来的负担。”❷由于大学管理复杂性的增加，使高校管理人员的专业化不仅成为需要，而且成为必需。大学内部的事务性部门（business side）则接近于其他社会组织类型的"责任金字塔"，其等级性远甚于"学术性部门（academic side）"。"一条相对清晰的指挥链从一名'行政主任'或行政和财务副校长传往下属各部门负责人（注册主任、人事处长、财务处长等），这些人的办公室挤满虽有各种不同头衔但在任何意义上人们都理解为'雇员'的办事员。"❸大学中各种非学术性行政人员的快速增长一方面使大学校长、教授从大量具体、烦琐的行政事务中解放出来；另一方面，也使得"专家统治论"日益凸显。在这样的背景下，大学管理人员的专业素质日益受到人们的重视，大学管理人员开始日益朝着"专业人"的方向努力。

---

❶ 陈超：《美国一流研究型大学教师管理人员结构的纵向研究——基于9所一流研究型大学的统计分析》[J].清华大学教育研究, 2015 (6), 第41—42页。

❷ [美] 克拉克·克尔：《大学的功用》[M].陈学飞，等译.江西教育出版社, 1993, 第18页。

❸ [美] 伯顿·R·克拉克：《高等教育系统——学术组织的跨国研究》[M].王承绪，等译.杭州大学出版社, 1994, 第17页。

同时，随着大学与社会联系的日益紧密，大学管理人员不但从事管理，而且开始进入治理领域，全美大学教授联合会（AAUP）曾于1971年就美国大学教授参与决策的情况做过一个调查，发现教授参与决策的程度在不同大学有很大的不同，对不同类型的决策参与度也不同。譬如，在584所被调查的大学中，教授参与课程决策和教员管理决策的比例最高，分别占84.08%和74.25%；教授控制教员任命，职务提升，终身教职（APT）决策和个人绩效评估决策的比例居中，为40.28%；而教授参与学校财务决策的比例最低，仅为15.03%（其中参与长期预算决策的比例仅为7.02%）。❶ 这说明，随着管理主义在大学中进一步加强，大学管理人员的"专业人"角色日益得到加强。著名学者马丁·特罗结合高等教育发展的不同阶段，提出大学管理运行和内部治理也应该发生变化，有学者按照马丁·特罗的理论专门整理了高等教育不同发展阶段大学内部治理和管理的特征，详见表3-2所示。

表3-2　高等教育不同发展阶段大学内部治理和管理的特征❷

	精英阶段	大众化阶段	普及化阶段
毛入学率	15%以下	15%～50%	50%以上
大学为谁服务	少数人的特权	有资格者的权利	一种义务
大学的功能	塑造人的心智和个性，培养社会统治阶层和各界精英	传授技术和培养能力，培养更广泛的精英阶层	培养人的适应能力、造就现代社会公民
大学和社会的关系	边界分明、大学封闭办学	边界模糊、大学开放办学	边界消失、大学和社会一体化
大学的领导与决策	少数学术精英群体	决策民主化，利益相关者的影响显现	公众和多元利益相关者更多地介入决策
学校管理成员	学术人员兼任行政工作	主要由专业管理人员承担	高度专业化的管理人员大量出现
学校权力结构	教授治校，高级学者垄断管理权力	中初级学者和学生享有一定的管理权力	民主参与，大学外部的利益相关者的大量介入

资料来源：根据马丁·特罗的有关著作和论文资料整理。

---

❶ 张维迎：《大学的逻辑》[M]．3版．北京大学出版社，2012，第38页。
❷ 朴雪涛：《现代性与大学——社会转型期中国大学制度的变迁》[M]．人民出版社，2012，第194页。

当然，我们也应该看到，现代大学中管理人员地位的职业化、专业化也与知识的分化、管理知识的日益丰富密切相关。近代以来，由于学科的分化，管理学日益成为一门独立学科群，关于大学管理与政府管理、企业管理不同的知识也逐渐被生产出来，这使得对于大学管理人员进行培训成为可能。同时，不容忽视的是，随着大学管理人员的增多，其自身的职业发展问题也日益迫切。因此，出于培训大学管理人员的需要，教育管理和高等教育管理学科开始兴起。部分研究型大学开始设置高等教育管理专业，专门培养高校管理人才。大学管理人员开始与大学中的其他群体分离，并逐渐开始专业化。在专业化的过程中，大学管理人员逐渐形成了自己的群体文化。正如科塞所说的那样，大学内部管理人员"在多数情况下，他们并不限制大学内表达一些还不流行的观点和意见。但因持有一种官僚主义的生活观，他们首先强调良性运行，把组织摩擦最小化看作主要任务，学术管理者自然不信任可能扰乱日常秩序的'麻烦制造者'。这并不是说他们不如他们教授队伍中的同行那样热爱学术自由，而是说他们更喜欢有效的运行。"❶ 大学管理人员的文化与学术人员的文化冲突也越来越明显。

在传统的欧洲大学中，掌握大权的教授们不愿意专业管理人员介入大学治理和管理领域。但是20世纪70年代以后，欧洲高等教育的治理和管理出现了四个变化。

（1）在20世纪60年代学生对大学教授独掌大权提出抗议之后，整个大陆国家引入了参与模式，允许学生、低级别的学术人员、行政管理人员在大学委员会、评议会和学部委员会中享有较大的发言权。

（2）欧洲一些国家的政府对高校从"控制"（在英国是从"高校自治"）转向了"监督"。

（3）强化管理者（大学校长、学院院长）的权力，建立或进一步完善管理机制。在一定程度上尊重高校作为以不可预测的知识创造为己任的专业组织的特殊性的同时，又希望其内部决策和管理过程像企业一样，体现企业家精神。

（4）除了国家、市场、教授以外，学生、管理人员也日益介入大学的管

---

❶ [美] 刘易斯·科塞：《理念人：一项社会学的考察》[M]．郭方，等译．中央编译出版社，2004，第320页．

理和治理活动中。❶ 随着越来越多的国家进入高等教育大众化和普及化阶段以及高等教育全球化进程的加快，强调管理日益成为高等教育领域的重要特征之一，高校管理人员的从业人口和素质要求也将会越来越高。

当然，从大学管理人员的职业现状来看，这一职业目前还没有达到专业的标准，还处于专业化的过程中。各个大学也注重通过各种专业发展的方式来提高大学管理人员的管理能力。但是随着知识经济社会的来临，大学的地位越来越重要，高校管理人员的专业化也将越来越成为一个现实。

3.1.2 国外高校管理人员管理与培养的发展状况

3.1.2.1 根据国外高校管理经验及模式分析其管理人员管理与培养的特点

发达国家对高校管理人员管理与培养问题历来比较重视。早在20世纪50年代中期，院校管理在美国就开始成为一个专门的研究领域。当时的学者们认为，院校管理应该借用社会科学的概念、理论和方法对这个领域进行研究，为实践提供有实践性的、准确的方法和技术，高等院校管理工作应该专门化。这种思想随后从美国传到英、法等国，后期日本、韩国、新加坡等新兴国家也逐步实行类似的高校管理人员专业化模式。我国的香港地区的高校虽然起步较晚，但起点较高，发展迅速，大学的运作更多地趋同于发达国家的高等教育。

在美国的大学，院校管理已经纳入专业教育计划，为培养训练有素的管理人员设置了专门的课程。哥伦比亚大学还为在教育管理岗位上的在职人员设置研修相关博士课程的机会。成立于1965年的哥伦比亚大学师范学院成人教育系，专门负责培养高校领导人，20世纪90年代中后期至今，超过15%的美国高校负责人毕业于该学院。如今，美国几乎每所大学都设有院校研究机构，并拥有大批从事院校管理研究的专业人员，为学校决策科学化提供科学依据，对学校的改革与发展起到积极作用。

我们发现，发达国家和地区的高等教育中高校管理队伍专业化程度比较高、专业性比较强，从业人员职业化特点也比较明显，主要体现在以下几个方面。

---

❶ [德] 乌尔里希·泰希勒：《迈向教育高度发达的社会——国际比较视野下的高等教育体系》[M]. 肖念，王绽蕊，等译. 科学出版社，2014，第17页。

(1) 管理人员聘任标准很高、管理工作均为专职工作　在国外入职的概念界定，英语单词 Orientation 是美国人事管理的术语，其含义是定向、定位的意思，是指熟悉并适应职业或环境。我国管理学界将其翻译为入职指导（Orientation to Position）。所谓入职指导是指通过一系列有目的的培训和实际操作，使那些新职员或那些对工作岗位不熟悉的人尽快熟悉新的工作环境和工作职位，从而促使其在工作中取得成功的一个过程。

美、英、法等国家高校管理人员的选拔主要有两种形式，一种是公开招聘形式，另一种是国家统一的公务员考试形式。但不论哪一种形式对于管理人员入职标准的要求都很高，国外高校管理人员的聘用，一般都要求有硕士甚至博士学位和工作经历，高等教育学方面的专业背景或管理方面的专业背景等条件也日益受到重视。在美国，高校管理人员候选人必备的基本资格是要获得教育管理专业硕士或博士学位。而且除去极少一部分由学术专家兼任的机关、部门的负责人之外，教学人员与非教学人员之间存在着严格的界限，很少存在一个人既是教学人员又是非教学人员的情况。

(2) 高校管理人员整体学历层次较高、知识结构比较合理　学历虽然与能力不一定总是成正比关系，但在高等院校这样的高学历群体中，要求管理者具有高学历也无可非议。高等教育发达国家高校管理队伍一般都具有本科以上学历，中、高级管理人员一般也都有硕士、博士学位。此外，通过那些介绍英、美等国家高校管理人员培训课程的论文还可以发现，高校管理者基本上都接受过教育、公共管理、人力资源管理、信息与科学管理等方面课程的培训，具有与教育管理有关学术背景的管理者占绝大多数。可见，高校管理人员的知识结构比较合理，是以高校管理知识为核心的复合型知识结构，较好地体现了高校管理工作的特点，能为管理工作提供必要的知识基础。

(3) 高校管理人员效率高　最能体现发达国家高等教育高校管理人员专业化程度高的是他们工作的高效率。一方面，由于选拔时精挑细选，管理人员大都熟悉高校管理技巧，工作效率非常高；另一方面，高校管理的信息化程度非常高，基本上都实现了信息化联网处理工作。同时，高校管理规范化和制度化的程度比较高。国外每所大学都有关于本校历史、现状、工作规范的详细介绍，规则详细明确，日常事务只要照章办理，很少有推诿。校领导和中层领导只负责处理突发事件，过去规范和制度中没有规定的事件。一旦类似的事件多次发生就提交学校委员会开展讨论，对这类事件进行分析，并分派给有关部门的有关人员去做，以后再发生的时候，处理便有章可循，效率大大提高。

(4) 高校有成熟的专业组织　在发达国家高等教育中，高校一般都有各种各样的专业组织帮助高校管理者维护他们的权益，提高其管理水平，同时促进个人能力的提高，甚至还提供各种就业信息。如英国的大学管理者协会通过网络为管理者提供各种职业发展机会，其中包括提供学历教育。美国加利福尼亚学校管理者协会，其主要宗旨是保护管理者的权益，为管理者提供培训机会，影响教育政策。美国加勒比高校管理者协会的使命是促进高校管理者发展，提高管理者的工作水平。

(5) 高校管理人员服务意识强　高等教育发达国家的高校管理者往往在养老、医疗、工资酬劳、升迁发展等领域都有很好的保障，包括子女教育、社会福利等方面待遇都非常优厚，同时社会地位、工作环境等条件良好。高校管理人员通常没有太多的后顾之忧，因而可以全身心地投入工作。作为高校本身制度和规定、政策都比较健全，处理工作也比较简单易行，这些都促使作为高校的管理人员服务、管理意识很强，工作效率非常高，服务态度和意识都很出众。

3.1.2.2　发达国家高校管理人员专业化模式成因

(1) 从实践中和理论上都很重视高校管理人员的管理与培养　发达国家和地区高等教育的高校管理人员一般都是专职从事管理工作，不同的岗位要求具有相应的管理能力，岗位设置合理，人员分工细致、明确。对大学管理人员的选拔范围宽泛，不分国籍、国别，经过规定的程序和严格的筛选，注重相关学历、更注重相关的工作经历。同时，在薪酬方面一些学校的管理人员拿到的酬金可能会高于同样入职资历的教师或科研人员，极大地稳定了管理人员的长期性、专职化。在理论研究方面，高等教育发达国家有一支高水平的高校管理研究队伍在从事这方面的研究工作，并取得了丰硕的研究成果，如《大学的功用》《高等教育系统》《高等教育哲学》等。这些著名的研究成果对世界各国的高校管理工作都产生了很大影响，为提高高校管理的专业化水平起到了指导作用。

(2) 高校管理人员的培养机构资质高，课程设置合理　美国高校管理人员一般都是由综合大学的教育学院培养，教育管理专业是常见专业，有的学院开设专门的教育管理系。提供的学位主要有三种，即学士学位、硕士学位、博士学位，其中又以硕士学位和博士学位居多。在培养学校管理人员时，大多数学校会把学位培养方案和相关资格证书制度结合起来，学生要获得资格证书必须按照资格证书计划的规定修习相应课程。教育学院的课程设置很多，要求培养的学生具备管理与教育两方面的理论，同时要了解教育管理背景，要求具备实际的能力与经验，并在学校学习时就有各种类型的管理实习机会。这些有针对性的管理理论课程、教育理论课程和实习等领域的课程安排使得培养出的管理人员知识体系相对科学、系统。

(3) 建立了一套适应高校管理人员特点的管理制度　与我国高校教学科研人员和管理人员的管理混合在一起进行不同，发达国家和地区高等教育对非教学人员的管理有别于对教学人员的管理。在高校管理人员的聘任、考核、薪酬等方面都有相应的规章制度和法律条文，有力地推进了高校管理人员专业化的进程。

在聘任方面，发达国家和地区高等教育的高校实施以聘任制为主的用人制度，为建设一支相对稳定、合理流动的高校职业化的管理人员队伍提供了保证。在考核方面，通过对管理者的考核帮助管理者认识自己的优点与不足，及时调整自己的专业理念及专业行为，明确专业发展目标，促进自身的专业发展。考核内容非常细化、具体，而且形成制度。在薪酬方面，发达国家和地区高等教育采取因校而异的薪酬管理制度，高校管理岗位的工资标准一般与其他机构相应岗位的工资水平持平或略高，具有一定的可比性。

更为关键的是高校重能力，轻资历，管理人员的工资与同等资历的教师相当，对于激发干部的工作积极性起到了很好的作用。而且高等教育发达国家高校管理岗位有全职与兼职之分，对管理者知识能力的要求不是很高的岗位基本上是临时性岗位，临时性岗位的好处在于一方面大大节约了成本，另一方面精简了高校管理队伍的规模，提高了工作效率。

(4) 重视管理人员的培训，不断提升管理人员的专业水准和整体素养　发达国家和地区的高等教育，高校非常重视管理队伍的培训，培训贯穿在管

第3章 国内外高校干部管理与培养经验借鉴

理人员的整个职业生涯过程中。入职前必须接受入职培训取得上岗资格，入职后为了适应具体工作岗位的要求，还必须接受一系列的岗中培训。许多国家还从政策、法规的角度对管理人员的培训予以支持，以确保各学校按照政策、法规的规定执行。

美国高校的初级管理人员要求进修行政管理基础和督导基本原理；中级管理人员要求进修学校法规、人事管理和教育中的劳资关系等课程；高级管理人员还要求进修教育管理研究、组织理论和设计等课程。澳大利亚高校对新职工进行校史、办学目标、机构设置、学校主要负责人、规章制度及办事程序等内容的培训；对老职工主要进行学校改革、新政策、新的教育理论等培训。

发达国家高等教育高校管理人员培训的内容大都讲究实用性，目的是提高管理人员的问题分析能力、判断决策能力、语言交流能力等。特别是在短期培训中，要求管理者对现实的管理问题展开研讨。香港高校在管理人员的培训方面也很重视，学校通过各种途径创造许多学习和培训机会，为管理人员提高管理水平提供了很好的平台。

随着高校自身管理工作的复杂程度加深以及外界环境的变化，高校管理工作不再是仅由具有学术知识的专家就可以完成的，而要由具有高校管理专业知识的管理行家或专家来完成。另外，要将管理与服务有机地统一起来。管理人员在工作过程中要明确自己的职业角色，要意识到高校管理工作的服务职能，管理人员应该有服务意识，要服务于学校发展，不断提高自身素质，掌握管理工作所需的管理技能，以期更好地开展工作。

3.1.3 推进我国高校干部队伍管理与培养的启示

3.1.3.1 设立培养高校干部的专门学校或在高校增设相关专业

早在2000年，美国提供教育管理博士学位的大学就有近150所，提供硕士学位的则超过300多所。如果包括近100所提供高级训练工作的学校，其总数至少达到370所以上。美国教育管理培训除了学历教育外，继续教育、在职教育也十分活跃。针对上岗后教育干部的实际需要，各大学开设各种短期培训，其形式灵活，教育方法多样。

我国目前提供教育管理学位的主要有高校的教育管理硕士点、博士点以及教育硕士等形式。对于一个成熟的职业来说，其从业人员的来源渠道是应该有保证的，如医生有专门的医学院、医科大学提供经过专业训练、拥有熟练技能的人才，医院所需医生可以从这些学校的毕业生中间选择，一方面可以保证所选择人才的质量，另一方面用人单位也省去招聘之后再培训的麻烦。高校管理人才也是如此，要想让从业人员上岗后立即进入状态，拥有所需的各类知识，就必须有提供高校管理人才的渠道，比如高校的教育学专业毕业生等。尽管目前我国已经有了培养高等教育管理人才的相关专业，每年也有一定数量的毕业生，但与所需的人才数量相比远远不够。所以，建议高校增设相关专业，甚至可以像设立医科大学或医学院一样设立高等教育管理学院，专门培养高等教育管理人才。

借鉴美国综合大学教育学院的课程设置，在课程设置方面，管理的基本理论、学校管理的相关理论、相关的教育法律知识、课程与教学的基本理论、教育管理的研讨课和研究的方法论课程等都应该作为高等教育管理专业学生的教学重点。因为管理的基本理论与学校管理的相关理论是学校干部应具备的最基础的知识，了解课程与教学又是学校干部必须具备的辅助性知识，具备相关的教育法律知识是科学合法地进行学校管理工作的前提，研讨课与研究方法论课程用来促进学生之间的交流和研究能力的提高，尤其是方法论内容是学校干部应掌握的工具性知识。

另外，在培养学校干部时还应该开设适量的学校管理方面的实习课程，增加学生在教育管理方面的实践经验，把学到的各种相关理论知识与方法技巧运用到实际中去。实习过程中由已经取得相关管理资格证书的干部作指导，还可以要求实习人员开设讨论课，帮助学生解决问题、交流经验。这样培养出来的高校干部一方面专业知识扎实，另一方面又具备操作的实际经验，能够很快进入工作状态，从而很好地完成工作任务。

3.1.3.2 实行职业资格准入制度，严把招聘关口

资格证书制度起源于工业革命以后，是各个行会推行的行业技术资格证书和技术职称制度。资格证书就是有法律效力的证明文件，与身份证、工作证、毕业证等一样能有效地证明一个人某方面的特征。从社会学的角度来看，社会活动中的每个个体都具有确定的身份。社会通过资格管理使个人在职业活动中奉公守法并遵循职业规范，这样才能保证社会经济技术活动的管

理井井有条，社会的发展稳定、高速。

职业资格证书制度是在职业的职业化过程中出现的，它要求从业人员经过严格系统的教育和培训，获得能胜任工作的特殊知识和技能，获取职业资格证书，进而获得从业资格。职业资格证书制度现在已经成为很多国家对各行各业从业人员规定的职业准入制度。

实行高校管理人员职业资格证书制度是推行全员聘用制的前提。"职业资格证书制度是国家对各行各业从业人员规定的职业准入制度。它是在职业的专业化过程中出现的，要求从业人员经过严格系统的教育和培训获得能胜任工作的特殊知识和技能，获取职业资格证书以获得从业资格的一种职业管理制度。"科学设岗、面向社会公开招聘是推行全员聘用制的关键。管理岗位是高校专业化管理者的工作平台。这个平台搭建得是否合理、科学，将直接关系到高校干部队伍管理与培养的成效，科学设岗是推行全员聘用制的关键，是推进高校干部队伍管理与培养的重要步骤。

高校管理人员职业资格证书应该成为聘任或应聘高校干部必不可少的合法依据。什么人可以当高校干部，可以在哪一级岗位工作，在管理人员资格证书中都应该有明确的规定。高校干部持有哪一类、哪一级证书，需要什么样的训练，需要什么程度的学历，必修哪些课程，各类课程需要多少学分，也应该有明确的规定。目前对于教师资格证书的研究比较多，结合这些研究，根据高校干部现状，在此主要探讨实行高校管理人员职业资格证书的几点具体想法和建议。

(1) 必须尽快建立高校干部职业资格认证制度和认证机构　建立高校干部职业资格认证制度和认证机构，成立全国高校干部教育资格与审查委员会，并对参与高校干部教育和培训的高校及机构的师资、设施、课程等方面进行评估。对于那些评估合格的高校和机构，还要进行监督、考核，以保证质量。此外，全国高校干部教育资格与审查委员会还负责统一为考核合格的高校干部颁发资格证书，以规范高校干部市场。

(2) 明确高校管理人员职业资格证书的等级和类型　高校管理工作的层次不同，干部的等级和类型也应该有所不同。高校既有初级干部，也有中级干部和高级干部；既有分管人事的也有分管学生工作的，还有分管就业的等。针对不同层次、不同类型，干部所需要的知识结构也是不同的，因此职业资格证书要分等级和类型。高校管理职业资格证书大致可分为三个等级，即初级管理人员证书、中级管理人员证书和高级管理人员证书。这三个层次的管理人员证书有一些必须具备的条件，在此简单列举。

a. 初级管理人员证书

（a）获得教育学或管理学硕士及以上学位，或者是获得非教育学或管理学硕士及以上学位，但修完了教育管理方面的相关课程，并获得了相应的学分。

（b）参加高校初级管理人员资格考试成绩合格者。

b. 中级管理人员证书

（a）获得教育学或管理学硕士及以上学位，或者是获得非教育学或管理学硕士及以上学位，但修完了有关教育管理的课程，并获得了相应的学分。

（b）已取得高校初级管理人员资格证书。

（c）在高校管理层工作3年以上。

（d）取得了突出的高校管理研究成果。

c. 高级管理人员证书

（a）获得教育学或管理学硕士及以上学位，或者是获得非教育学或管理学硕士及以上学位，但修完了有关教育管理的课程，并获得了相应的学分。

（b）已取得高校中级管理人员资格证书。

（c）在高校中层管理岗位工作3年以上。

（d）取得了突出的高校管理学术研究成果，得到了同行专家的高度评价。

（e）参加高校高级管理人员资格考试且成绩合格者。

以上是针对工作岗位的层次来划分的三类证书，除去层次以外，不同部门对于专业知识的要求又是不同的，因此高校干部上岗还必须学习相应部门的知识，比如人事部门还应该学习人事管理方面的知识，学工部门还要学习学生工作方面的知识，并通过相应的考核。所以，要想成为高校人事部门的初级干部，必须具有初级管理人员证书和人事管理考核方面的合格证书。需要强调的是，这些证书也不是终身的，持证人必须每隔几年就要再次参加高校管理方面的培训，更换职业资格证书，这同时也是为高校干部获得更高一级管理职位而进行的激励和鞭策。

(3) 关于高校管理资格证书的获取　一方面，我们要确保高校管理职业资格证书制度的开放性。这里所说的开放包括两方面的含义。

一是获取人员的开放性，任何学科毕业的毕业生都拥有参加高校管理职业资格证书考试的资格，只要修完所规定的课程并获得了相应的学分，就可平等获得高校管理职业资格证书。

二是学习方式的开放性，可以通过参加培训机构学习，可以自学，也可以通过网上课程学习，不论通过何种方式学习，只要最终通过资格考试就可以拿到证书。

另一方面，要保证所有最终获取证书者都经过严格的专业训练，以确保证书的含金量。现在很多职业资格考试流于形式，只要肯记、肯背就可以通过考试，这是不可取的。高校管理工作不是纸上谈兵，是要处理具体的管理问题，是很灵活、很复杂的，是考验人综合能力的一种工作。所以对于考核的形式和内容要慎重，要确保最后获取证书的人是真正适合高校管理工作的人。

3.1.3.3　做好高校干部的培训工作，创建学习型干部队伍

加强高校人力资源的培训与开发工作，对于推进我国高校干部的管理与培养具有极其重要的意义，也是推进高校干部管理与培养的一系列工作中非常重要的一项。因此必须引起足够的重视，必须当作一项长远的工作来抓，构建高校干部培训体系。这主要涉及两个方面：一是培训哪些内容，即高校干部合理的知识结构应该是怎样的；二是应该如何开展培训工作。下面分别进行探讨。

(1) 培训内容　一个专业之所以被称为"专业"，就在于它区别于普通职业的非同寻常的深奥知识和复杂技能，换句话说，每一个专业都有自己学科的知识体系。"高校管理要成为专业，就要有明确的知识基础，而且这些知识要对高校管理具有实际的指导意义。"因此，针对高校干部的培训内容，也就是高校干部专业化所需要的知识，应该是能为高校干部队伍的专业活动提供有效指导的知识。前面已经分析过，一方面，干部掌握的专业知识有限，不能满足高校管理工作的需要；另一方面，书本上学来的教育管理知识在具体的管理实践过程中，指导意义也是差强人意。在这种情况下，高校针对干部的培训既要对现有知识结构进行改造，又要重新建构高校干部合理、

实用的知识结构。

我们首先来看一下"专业"的科学知识体系的构成。科学知识体系对于专业的重要性已被很多社会学家所关注和研究。

凯露（Kyro）提出，一个专业的科学知识体系应该具有"为这一专业（for the profession）"和"关于这一专业（about the profession）"的特点。❶

我国学者赵康在吸收凯露观点中较合理的成分后，发展了一个关于专业科学知识体系的描述性结构模型，他指出，一个专业的学科知识体系结构犹如一棵向日葵的脸盘，中心部分代表了"关于这一专业（about）"的知识，周围的叶片则代表了"为这一专业（for）"的知识，叶片的数量随着专业不同会有所增减。❷ "关于这一专业"的知识落入一个科学（学科）领域，通常由这一科学领域内的总体知识加上几个分支学科的知识所构成。"关于这一专业（about）"的知识是从事这一职业的人们进行实践的必备知识，放弃这些因素则无法科学地工作，它的存在奠定了一个职业的专业地位，并以这些因素与其他专业相区分。然而从事某一个专业性职业的人们光具有"关于这一专业（about）"的知识仍然是不够的，所有的职业都是处在一个开放的社会大系统中，必须具备这一大的系统内与这一职业相关的各个方面的知识。职业实践深入某一个特定领域，例如管理实践深入会计领域，还必须具备会计专业相关的知识。"为这一专业（for）"的知识由此成为一个专业科学知识体系的一部分。"为这一专业"的知识往往融入许多个学科领域，通常由这些学科领域内的总体知识和相互关联的分支学科知识所构成。相对于"高校管理"这一专业，"关于这一专业（about）"的知识分别是教育学及其分支学科、管理学及其分支学科等，"为这一专业（for）"的知识可以是经济学、会计学、财政学、统计学、政治学、社会学、计算机科学、心理学和哲学社会科学等，具体结构如何则取决于高校管理中各个不同分支即不同部门的实践需要，如高校财务处"为这一专业（for）"的知识主要是经

---

❶ 魏建培：《话语与教师专业建构——后结构主义的视角》[M]．天津科学技术出版社，2019，第2页。

❷ 赵康：《专业、专业属性及判断成熟专业的六条标准——一个社会学角度的分析》[J]．社会学研究，2000，15（5），第30—39页。

济学、会计学、财政学、统计学等。

依据以上分析，高校干部的培训内容必须囊括"关于'高校管理'专业"的知识和"为'高校管理'专业"的知识。当然，仅仅有书面上的理论知识还不够，因为理论和工作实际毕竟还有一段距离，还必须强调理论知识和实践知识的统一，只有让理论知识对具体管理工作有实践指导意义，这样的知识结构才是完整的。结合高等教育发达国家对于高校干部的培训方案，在培训内容中还应该涉及具体管理工作的案例分析，发达国家和地区的高等教育经验表明这种学习更加直接而且有效，对工作具有实际指导意义。

(2) 培训模式　在我们国家，高校高层干部培训主要由政府组织，教育部直属的国家教育行政学院作为专门机构承担此类培训任务。国家教育行政学院举办的高校领导干部研修班、教育部直属高校中青年校级干部专题研修班和高校中青年干部培训班等培训项目，是我国主要的大学校长和高层干部培训项目。但是在专业团体方面比较缺乏，高等学校提供的大多也是学历教育，对于大多数高校在职干部培训的任务主要还是落在学校自己身上。但是目前对于干部的培训在我国高校还不够重视，在培训内容和培训模式方面还有待改进。

对于高校干部的培训来说，培训方式应该是灵活多样的，可以参加短期的硕士课程、博士课程的学习和培训，也可以脱离岗位半年甚至是一年的时间去参加其他高等学校的以获取高等教育管理证书或文凭为目的的培训。对于大多数干部来说，为了方便工作，应该是以短期培训为主，在这里主要倡导几种短期的在职培训模式，方便具体操作，详见表 3-3 所示。

从培训内容方面，既要培训相关理论知识，又要针对具体对象和特定问题进行培训，比如有对财务管理、信息化管理、学生事务管理等方面的专门培训；培训模式也应该多样化，增强理论与实践相结合，既开拓受训者的知识视野，又突出培养他们解决实际问题的能力，注重理论知识和实践技能的共同提高，以达到更好的培训效果。培训中应注意的事项如下。

表 3-3　高校干部短期在职培训模式

培训模式	实用人群	培训内容和特点	培训时间	预期效果
集中授课	新进人员、初级干部	教育学、管理学基础理论知识	1周左右	通过集中培训让受训者掌握高校管理基本理论知识
导师制	新进人员、初级干部	为初级干部配备指导老师，在平时工作中给予适时有用的具体指导	半年左右	通过研讨会的形式获取解决问题的办法
研讨会	各类干部	针对具体管理工作中的疑难问题展开讨论	1~2天	通过研讨会的形式获取解决问题的办法
案例教学	各类干部	通过案例分析的方式开展培训，从案例中学到高校管理的知识	1~2天	开拓受训者知识与认识事业，又突出培养他们解决实际问题的能力
外校见习	中级干部	通过交流的范式到其他高校相关部门见习	1~2个月	通过比较两校管理模式、管理特点等，获取更多的管理知识，了解更多高校管理的知识，掌握更多技能
管理技能提升培训	职级或职务提升人员	更高一级干部所需具备的管理知识或其他部门应该有的专业技能或知识	1周左右	通过管理技能提升培训，掌握更高层的管理知识和技能，以适应新的工作岗位
高级研习班	中、高层干部	交流实际工作中的经验体会和心得，分析面临的困难和挑战，战胜困难的策略方法，撰写研究论文	3~5天	通过研习，为中、高层干部解答工作中遇到的疑难问题，以提升管理水平

第3章 国内外高校干部管理与培养经验借鉴

续表

培训模式	实用人群	培训内容和特点	培训时间	预期效果
网络在线交流	各类干部	在学校网站上或联合其他高校开辟专门区域，供不同层次的干部在线交流管理心得、管理经验、答疑解惑	无限制	任何时候管理中遇到问题均可由地方与其他干部交流，获取帮助，也可帮助解决管理问题，在长期的参与中达到不知不觉提升管理水平的目的
加入各种专业性教育管理者协会	各类干部	通过参与各类专业性协会，参加协会组织者的相关活动，在组织的帮助下有针对性地学习管理知识	无限制	专业性教育管理者协会的好处就在于其跨校的性质和相对专业的特点，通过参加各种协会可以了解该专业的最新动态和其他学校情况，进而可以扩大知识面，增进对专业的了解

第一，岗前培训和岗中培训同等重要。现在很多高校在新引进人员时都会开展岗前培训，岗前培训的内容主要分为：学校各部门概况和开展高校管理工作所需的专业知识。事实上，岗前培训只是培训了一些基础性知识，在实际的管理工作中我们遇到的问题更多，培训也显得更加重要。所以，要把岗中培训提到非常重要的位置，安排专门的部门具体组织负责，健全高校干部培训体系，做好人力资源管理工作。

第二，不同层次、不同部门的干部在培训内容和培训模式方面要有同有异。高级干部的管理知识要多于初、中级干部，财务部门和学工部门需要的管理知识也不尽相同。因此在培训内容和培训模式等方面也要有针对性，要有同有异，不能把所有干部都放在一起，采取同样的形式，培训相同的内容。对于高校干部的培训来说，培训模式也应该是灵活多样的，为了方便工作，应该以不定期的短期培训为主。

第三，鼓励自学，增强自我学习意识。干部要想真正掌握好管理知识，提升自己的管理能力，还必须注重自学，增强自我学习意识。一方面，高校干部应该通过学校等组织的培训集中一段时间来增强管理知识，另一方面，自己也要学会充电，平时注重积累知识，多学习相关专业知识，形成良好的学习氛围，并将理论付诸实践，干部的实际工作能力才可能有较大的提升。

第四，鼓励干部攻读更高层次学位，提高素质和能力。学校为了集体和个人的长远发展应该鼓励一部分学历层次低、工作效率低的干部攻读更高层次学位。对于去攻读更高层次学位的干部应该也有一些明确的规定：一是所学专业最好为高校管理专业或相近专业，二是尽量减少在职攻读的人数，鼓励脱产学习，解决部分学费，促使其安心学习，从而回到学校更好地完成工作任务。

3.1.3.4 尽量减少"双肩挑"人员，弱化"双肩挑"现象

对于"双肩挑"现象产生的原因、曾经发挥的正面作用和现在存在的问题进行分析，"双肩挑"现象在目前情况下是不能避免的。目前解决"双肩挑"问题的关键在于尽量减少"双肩挑"人员，逐步弱化"双肩挑"现象。高校干部队伍的主体力量、主干性人物必须是科班出身的专业化干部，"双肩挑"人员只能是对干部队伍的一种补充和递进，绝不能继续扩大而成为一种普遍现象。

高校处理"双肩挑"现象应遵守两个原则。

第一，把握好"专业化"和"双肩挑"之间的"度"。"专业化"和"双肩挑"现象并不是完全对立的，有一些学术业务性强的管理职能部门，如教务处、科研处、研究生处等，有必要吸收一定的学术骨干参与行政，这本身有利于学术管理。对于"双肩挑"要把握好"度"，"双肩挑"现象的存在只能"适度"，高校干部绝大多数必须是专职的，只允许少数"双肩挑"人员的存在。

第二，协调好专业干部和"双肩挑"人员之间的关系。既然有两种性质的干部存在，难免会产生一些矛盾、分歧，因此如何恰当处理好这两种人员之间的关系也就显得非常重要。

在处理"双肩挑"问题时，具体的操作办法也很重要，必须慎重。尤其需要注意以下几个方面。

第一，确定允许"双肩挑"的部门和职位。一般而言，允许"双肩挑"

现象存在的部门必须是对学术方面的业务要求比较高的管理部门，"双肩挑"人员只能是主要负责人，即部门的最高层次的领导，主要涉及院系的院长、系主任、教务处处长、科研处处长、研究生院院长等。各高校应该根据学校具体实际，严格确定允许"双肩挑"的部门和职位，并以文件的形式加以规定，遵照执行。

第二，"双肩挑"人员的选拔。确定了允许"双肩挑"的部门和职位之后，人员的选拔也很重要。一是必须在专业和学术方面是这个领域的领军人物，其学术和业务水平得到同行专家的认可；二是必须有一定的管理能力，也有从事管理工作的志趣和意向，精力充沛。

第三，制定严格的规章制度，规范"双肩挑"人员的行为，防止滥用职权。对于"双肩挑"这类特殊人员学校要制定严格的规章制度规范他们的行为，因为"双肩挑"人员占据的大多是学校的重要职位，有相当大的职权和部分决策权，在制定一些规章制度时往往会牵涉到自身的利益，因而必须有相关规章制度来约束他们，规范其职业行为。

第四，对"双肩挑"人员的工资待遇如何确定要有明确的规定。"双肩挑"人员的工资待遇要遵循"岗位与待遇一致性"的原则，建议院系的专任教师担任教学科研管理职务，以教学研究为主的，聘任相应专业技术职务。教学、科研、研究生等业务性强的部门主要负责人聘任相应专业技术职务，同时聘任职员，按职员管理。

3.1.3.5 改革现有职务分级、薪酬分配制度

薪酬分配制度是涉及人们根本利益的重要问题，它是个体工作的原动力，是个人生存与发展的物质基础，也是高校干部自我价值和社会地位的一种体现。一个组织的薪酬分配制度体现着它的管理思路，合理的薪酬分配制度成为满足干部需求、吸引人才、留住人才和组织构建核心价值体系、实现组织与干部共同发展的有效工具。根据行为科学的理论，人的行为是由某种特定动机决定的，而动机又是由特定需要引起的，"行为—动机—需要"之间存在着客观的必然的内在联系。在市场经济的利益机制、激励机制的作用下，高校干部的经济收入、社会地位、工作环境是吸引优秀人才投身于教育事业的重要因素。发达国家和地区高等教育的高校干部的薪酬具有很大的吸引力，美国名牌大学校长的年薪高于美国总统，加州州长年薪是13万美元，

州政府所在地的州立大学的校长年薪是20万美元。其他干部年薪虽然没有那么高，但与社会整体水平相比也是相对较高的，而且部分国家高校干部享受的是公务员待遇，相对其他工作比较有保障。

从我国国家统计局对全国部分行业收入情况调查公布的数据来看，高等学校的收入也低于所有被调查的行业，包括国家公务员及政府、公共事业单位，其他行业收入基本都在高校的1.6倍以上，最高达2.5倍。这里所说的高校工资数据是高等学校教职工平均标准，高校干部的工资平均低于专职教师，从社会整体水平而言高校干部的待遇相对偏低。为了提高高校干部的工作积极性，必须对现有的薪酬分配制度进行改革，建立新的适合高校管理岗位的薪酬体系，缩小高校干部与高校教学科研人员的工资差距。在具体改革操作过程中，主要有以下几点建议。

第一，因地制宜，因校而异。这里所说的"因地制宜"，就是结合高校当地的经济条件、生活水平、消费水平等综合指数，高校干部的薪酬应该有差异；"因校而异"就是提倡各高校要根据学校发展的整体战略规划，结合学校目前的财政状况来制定符合自己学校特点的薪酬分配制度。要想真正实现"因校而异"的薪酬体系，全国统一的职务工资标准、薪级工资等级必须有所变化，还需要一整套的配套措施，高校现在能做的就是在政策允许的范围内尽快建立高校自主工资分配体系。高校干部的薪酬体系应主要由工资、福利、津贴和奖金四部分构成，其中工资占的比例最大，福利则主要包括国家福利和学校福利两部分，福利也受工龄和实际工作业绩的影响。此外，津贴、奖金则体现优劳优酬，主要由干部对高校的贡献和高校的绩效等因素决定。当然，本着"因校而异"的原则，各高校的办学特色不同，发展战略不同，高校干部的薪酬组成、各部分比例、分配也可以有所不同。

第二，整体提高高校干部的薪酬。在高校干部整体薪酬低于教师系列的情况下，有必要整体提高干部的薪酬，以增加岗位吸引力，提高干部人员工作积极性。从推进高校干部人员管理与培养的角度来说，要想使高校管理成为"专业"，提高高校干部人员的物质待遇、提升管理者的社会地位是推进高校干部队伍管理与培养的硬性条件。因为专业人员在掌握专业知识和技能、履行社会职责的过程中，从事的是复杂劳动，他们所付出的远比一般职业从业人员付出的要多。在走上专业工作岗位之后，他们应该拥有更高的社会地位和更多的资源，这其中包括薪酬、发展机会、职业声望等。任何一种职业越具有不可替代的专业性，它的社会地位就越高，一个职业推进职业化进程逐步走向专业化的过程也是提高从业群体社会地位的过程。薪酬的高低在通常意义上又被人们视为衡量社会地位高低的重要方面，所以提高高校干部的薪酬有利于提高高校干部的社会地位，从而加速高校干部的专业化进程。

整体提高干部的薪酬还可以使高校管理岗位更具吸引力，能够吸引和留住更高质量的管理人才。所以整体提高我国高校干部的薪酬必须得到足够的重视，制定高校干部按年限加薪等方面的规章制度，使高校干部的工作和生活条件得到全面改善，从而以更高的热情投入管理工作中去。

第三，设立特别津贴和奖励基金。对于那些在学校发展过程中做出突出贡献，在自己的工作中成效显著的高校干部，学校为了表示对他们的认可和鼓励应该设立特别津贴和奖励基金，采取多种优惠措施，增强高校的吸引力。特别津贴和奖励基金的存在非常重要，因为高校干部具有较高的综合素质，在解决生存问题的基础上，他们更需要的是学校对自己工作的认可，而特别津贴和奖励基金正是肯定他们能力的一种物质奖励形式，这种形式既是物质的肯定，又是精神的肯定，会无形中增加高校干部人员工作的积极性，增强工作的自主性。

3.1.3.6 高校逐步完善干部考核、激励机制，提高工作人员积极性

(1) 考核和评估制度是促进高校干部专业发展的重要制度　哈罗德·孔茨和海因茨·韦里克认为"差不多在所有的场合，不论是工作或消遣，都存在着某种形式的对表现的评价。而且，大多数人尤其是那些有能力的人，都想了解自己干得如何"。考核具有激励功能，通过考核，可以激励先进，鞭策后进，形成大学干部的竞争氛围和竞争意识，有利于提升干部的各项素质包括专业素质，从而提高大学管理、服务工作的效率和质量。考核是以干部的工作目标和工作职责为依据，对其工作绩效进行评定。考核和监督有助于干部明确自己的优点和不足，及时调整自己的专业理念及专业行为，明确专业发展目标，以不断提升自己的专业水准，促进自身专业发展，最终为学校发展服务。

我国高校干部管理与培养中之所以存在很多的问题，很重要的原因就是

我国高等学校对干部的考核、激励体制不健全。考核是激励的基础，合理的考核体系是使激励充分发挥作用的基础。要制定明确的考核标准，建立科学的考核指标体系。根据高校管理岗位的特点及职位要求，制定不同的考核指标体系，明确各干部的责、权、利。明确各个岗位职责，细化分类标准、考核有所侧重，改变用同一种考核标准来考核不同类型、不同层次的干部，实现考核工作的专业化。成立一个包括更多人参与的考核评议委员会，吸收更多的与被考核人员有关的专家参与，主管负责人员参加，真正做到上级主管考核与群众考核相结合、自我考核和别人考核相结合。

我国目前高校干部考核中所存在的问题就是没有严格考核程序。考核只是走走过场、形式主义严重。为此，应该扩大考核评议范围，严格考核程序，将群众评议和领导评议相结合，加大群众评议的力度。细化考核等次，合理拉开档次。我国目前各高校的考核主要分为三级：优秀、称职和不称职。高等教育发达的美国对干部的考核则主要分为五等：杰出、优良、满意、一般、较差。将考核结果和激励措施相结合，真正形成考核晋升的良性循环。通过考核选拔出来的优秀管理者，要将其考核实绩和职位、工资待遇相结合，强化竞争和激励。另外，对于考核不合格者，也要坚决给以处分。增加考核的透明度，建立考核公示制度，在考核工作结束后，在不侵犯其隐私的情况下，要将考核结果公之于众，避免考核工作的暗箱操作。

(2) 完善高校管理人员职级与职务制度　我国高校主要有三类人员：教学科研人员、管理人员、工勤人员。在这三类人员中，教师实行的是专业技术职务评聘制，工人实行的是技术等级考试制，唯独管理人员没有全国统一的独立的职务等级序列，很多时候都是学校根据自身情况在划分，而且经常是几年就更换一次评聘标准。很多时候，管理人员虽然身处管理岗位，却只能评聘教师系列的专业技术职务，引发了教师队伍与干部队伍的矛盾。职级是岗位职责与本人能力、素质挂钩的标志，它是由具备职级资格的人员应聘上岗而随之取得的，一般为逐级晋升。而职务则由组织任命产生，主要体现职责，是责、权、利的统一，一般不受年龄因素的影响。

《高等学校职员制度暂行规定》中提出将高等学校职员职级分为三个职等和十个职级。其中一、二、三、四、五级为高级职员，六、七、八级为中级职员，九、十级为初级职员。这种划分是比较合理的，高校只需要在具体的管理工作中以这种划分方式为指导，同时结合学校特点略加调整。前面提到高校管理人员必须拥有高校管理人员职业资格证书，结合职级，初级职员必须有初级管理人员职业资格证书，中级职员必须拥有中级管理人员职业资格证书，高级职员必须拥有高级管理人员职业资格证书，这是管理人员上岗的前提条件。从理论上讲，一个职级很高的管理人员可能不担任任何领导职务，相反，职务较高的领导也可能职级较低。因此，高校在干部职级与职务制度设置的过程中可以采用职级与职务脱钩的原则，改变过去两者混合在一起的做法。

对于职级，高校可以按照《高等学校职员制度暂行规定》的标准，采取横向晋升原则，即随着任职资历的增长只要符合规定条件，年度考核合格，就可以横向进档，顺利向上晋级，当然，涉及初级职员晋级为中级职员，中级职员晋级为高级职员时还必须通过考核拿到更高级的管理人员职业资格证书。但是职级的晋升并不代表职务也同时晋升，职级晋升更多地考虑工龄因素，而职务晋升则更多地考虑业绩因素。这样，对于高校管理人员而言高校就设置出了职级晋升和职务晋升这两条途径的晋升阶梯，正如时任教育部人事司副司长管培俊在《深化高校人事分配制度改革高级研讨班上的讲话》中指出的，这"对于解决一些非领导序列人员的问题是可行的、有效的。同时，职员岗位也要有竞争性，要充分考虑职员的工作业绩，在制度设计上做了纵向晋升即级别晋升的安排"。❶ 事实证明，"让员工在一个有变化的环境中工作，有奋斗的目标和实际进步的迹象，员工就会在一个工作岗位上待更长的时间，也会工作得更有效。"❷

改善职级与职务同时晋升的原则，一方面，为高校干部的晋升创造了两条途径，突破了高校干部职位的限制，为更多的没有领导职务的干部创造了提高和发展的机会；另一方面，职务晋升不受年龄和工作年限限制，也可以促使高校优秀青年干部不受资历束缚、脱颖而出并走上领导岗位。更为主要的是，这种制度可以使高校干部彻底摆脱旧观念的束缚，逐步淡化职务身

---

❶ 管培俊：《在深化高校人事分配制度改革高级研讨班上的讲话》[J]. 教育人事，2001（9），第3—13页。

❷ 管培俊：《在深化高校人事分配制度改革高级研讨班上的讲话》[J]. 教育人事，2001（9），第3—13页。

份。合理的职级与职务制度将有助于树立高校人事管理新理念，提高高校干部工作积极性，进而为高校发展造就一批熟悉高校管理规律的专业化、职业化管理者，从而提高高校干部的整体服务水平。

3.2 国内高校干部管理与培养的启示

3.2.1 我国高校管理人员身份地位的演变过程

大学管理人员的身份和地位是其权利和责任的综合体现，弄清我国高校管理人员身份地位的演变过程对于分析管理人员的现状及所处身份地位的原因将有很大的帮助。总体来说，从中华人民共和国成立到现在，我国高校管理人员的身份地位正在经历着由"国家公务人员"到"尴尬不明的身份"，再到逐步明朗的"教育职员"身份的过渡。下面我们分别来看这三个阶段。

第一个时期，统称为"国家公务员"的时期，通过国共合作创办黄埔军校的成功实践，教育机构从一开始就被放在政治机构中，作为国家政权的一个组成部分。高校管理人员和国家机关工作人员、群众团体的工作人员、各类专业人员和技术人员一起被统称为"国家干部"，没有实行分类管理。1952年，国家对高校进行了大调整，新建了一些高校，调入大批党政干部到高校任职，确立了党在高校的领导地位。由于大学与地方行政机关相对应，因此对高校工作人员也就采用了公务人员的管理方式。

随着时间的推移，这种管理方式的弊端不断出现。一方面，由于与地方行政机关相对应，导致高校的行政权力不断被强化，而教师科研人员在管理方面的话语权被弱化，高校逐渐成为一个行政权力主导的政府机构；另一方面，大学的管理制度缺乏更新机制，干部队伍年龄老化，知识素质偏低。大学成了政府机关安排富余人员、学校安排教师家属的场所，使得大学管理机构臃肿，干部队伍不断膨胀，管理效率低下。

第二个时期，"尴尬不明的身份"。20世纪80年代以来，随着改革开放的不断深入，高等教育管理体制发生了很大变化，越来越多的人开始重新反思大学的本质，高等教育界的学者及其他关心大学发展的人士也对大学管理中存在的问题展开了分析和研究。20世纪80年代初，从中央到地方，从党政机关到企事业单位,对人事制度改革进行了许多有益的探索。1984年,党中央提出要制定《国家机关工作人员法》,从1984年11月开始,相关部门组织力量着手进行相关法规的研讨起草工作,法规历经《国家行政机关工作人员条例》《国家行政工作人员条例》草案、《国家公务员暂行条例》等,到1993年,国务院制定了《国家公务员制度实施方案》(国发〔1993〕78号),对实施范围、实施步骤、实施方法、组织领导等作出明确安排,公务员制度开始全面推行,实现了干部人事管理制度一次历史性的跨越,标志着具有中国特色的国家行政机关人事管理制度的形成。在此过程中,国家本着"分类科学管理"的原则,对原来大一统的"国家公务人员"群体进行了划分。大学管理人员不再是传统意义上的国家干部和国家公务人员了。大学管理人员从原来大一统的"国家干部"行列被排除在公务员和大学教师、科研人员之外,其地位身份中既有国家公务员的影子,以级别论高低(部级、厅级、处级、科级),又有教师及专业技术人员的特征,以职称(专业技术职务)论待遇,尚未形成适应自身特点和成长规律的分类管理制度,处于一个尴尬的境地,面临着一个身份地位需要重新确立的问题。

第三个时期,"教育专职人员"。1993年,国务院79号文件指出,"事业单位的管理人员,根据自己的特点,在建立职员序列的基础上实行职员职务等级工资制。"这是第一次在国务院文件中明确"职员"称谓。1995年颁布实施的《中华人民共和国教育法》第35条规定:"学校及其他教育机构中的管理人员,实行教育职员制度。"1998年颁布的《中华人民共和国高等教育法》第49条更是明确规定:"高等学校的管理人员,实行教育职员制度。"中共中央组织部、人事部、教育部2000年联合出台的《关于深化高等学校人事制度改革的实施意见》又一次明确了"高等学校的管理人员实行教育职员制度,教育职员实行聘任制",指出"建立并逐步推行教育职员制度是现阶段高校管理人员队伍建设的一件大事",明确了"先在部分高等学校进行试点,在取得经验、完善办法后逐步推开"的工作要求。

2000年,教育部在武汉大学等五校启动了高校教育职员制度试点工作,2003年,中国农业大学也加入试点行列。即使不在国家试点行列的高校也在学校内部管理体制改革中逐渐明确了高校管理人员"教育职员"的身份,并采取了相应的改革措施。虽然实践中我国高校已经开始了不断地摸索,但目前职员制度毕竟还只是在试点之中，还没有形成成熟的《教育职员条例》，没有从法律上具体明确高校管理人员"教育职员"的身份。

习近平在不同场合多次提出"好干部"标准问题，对领导干部的能力标准建设提出一系列要求，并在实践中不断丰富内涵。

2013年6月，习近平在全国组织工作会议上提出了"信念坚定、为民服务、勤政务实、敢于担当、清正廉洁"的20字好干部标准。

2014年3月，习近平对县处级以上领导干部提出"三严三实"要求，同年10月，习近平提出党员干部要"对党忠诚、个人干净、敢于担当"。

2017年10月，习近平在党的十九大报告中要求党员干部具备学习本领、政治领导本领、改革创新本领、科学发展本领、依法执政本领、群众工作本领、狠抓落实本领、驾驭风险本领"八大本领"。

在2020年秋季学期中央党校中青年干部培训班上，习近平又对党员干部特别是青年干部提出"七种能力"要求，包括政治能力、调查研究能力、科学决策能力、改革攻坚能力、应急处突能力、群众工作能力、抓落实能力，以提高干部直面问题、不断解决问题、破解难题的综合能力。

着眼于全面提升党员干部的政治标准、思想标准、价值标准、能力标准、廉洁标准、作风标准建设，党的十八大以来，全党坚持德才标准，突出政治标准，严把选人用人政治关、品行关、作风关、廉洁关，全面加强了党员干部的从严管理体系。高校干部管理体系除了要坚持政治、思想、能力、廉政、作风等方面党员干部普遍的评价标准之外，还应该构建与一流大学相适应的党员干部的标准。2017年1月，中共中央组织部、教育部联合印发的《高等学校领导人员管理暂行办法》中规定高校领导干部除了具有较高的思想政治素质和政策理论水平之外，还要恪守职业道德，立德树人，为人师表；具有胜任高校岗位职责所必需的专业知识和职业素养，坚持全员全过程全方位育人理念，了解和掌握思想政治工作规律、教书育人规律和学生成长规律，善于做知识分子工作。党委书记和校长还应当符合社会主义政治家、教育家的标准，具有高尚的道德情操和人格魅力。高校党员干部的选任、管理、考核、激励、监督都要坚持高校政治家、教育家、思想家、现代大学管理者、开拓创新促进者、专业教师造就者、优秀人才培养者的标准，构建科学、高效、严明的现代大学高素质干部队伍管理体系。

3.2.2 高校管理干部培训的历史分析

中华人民共和国成立之后，我国党和政府在"有步骤地谨慎地进行旧有学校教育事业的改造"的同时，努力建立一支适应社会主义高等教育事业需要的高校管理干部队伍。一方面，通过接管或直接委派干部到一些高校帮助组建校务委员会，或者抽调一些工农干部充实到教育行政部门和高校内部管理岗位。另一方面，从其他战线选调了一批干部充实高校管理干部队伍，并从学校内部认真考查、选拔了一批德才兼备的青年干部充实到高校各个职能部门。在高校管理干部的数量不断增加的同时，我国高校管理干部的培训工作也全面启动，并经历了萌芽、中断、恢复、发展、创新、提升的历史过程。每一个历史阶段，高校管理干部的培训都体现出鲜明的时代特征，并为我们进一步增强管理干部培训的实效性留下了深刻的启示和有益的借鉴。

3.2.2.1 萌芽后中断：培训重点基本明确

新中国成立至"文革"结束，高校管理干部的培训工作在全面启动后被迫中断。这一时期的基本特点是：以加强管理干部的政治教育和文化学习为重点内容，初步形成了开展学习运动、短期集中学习、在职自修、分批轮训等培训方式；培训目的是确保党的路线、方针、政策能够在高等教育战线顺利地贯彻、执行，使大学管理干部队伍尽快适应社会主义革命和建设事业的需要；培训机构初步建立。

《中国人民政治协商会议共同纲领》明确提出："要加强对在职干部的教育以适应革命工作和国家建设的广泛需要。"

1950年9月，山西省举办文教干部轮训班，率先开始了中华人民共和国教育行政管理干部培训的实践。

1951年2月，中共中央《关于加强理论教育的决定（草案）》，号召全党加强马列主义、毛泽东思想的教育，要求党员系统地学习马列主义、毛泽东思想。

同年9月，北京、天津20所高等学校开展以改造思想、改革高等教育为目的的学习运动，学习时间一般为5～6个月。全国各地高等学校随之响应。至1952年秋天，全国所有教育行政管理干部以及91%的高校教职员都参加了学习运动。

1954年，国务院提出由中央、省和地区三级教育行政部门逐级负责，用分批轮训的办法对各级教育行政部门和学校领导干部进行培训。

1954年12月，中共中央制定了《关于轮训全党高中级干部和调整党校的计划》，明确规定了中共中央直属马列学院和中级、初级党校的干训任务。

1955年在北京建立教育行政学院（即国家高级教育行政学院的前身），之后全国大多数省、市也相继建立培训机构。

1955年7月，中共中央又发出《关于党的高级干部自修马克思列宁主义办法的规定》，要求在五年内将参加理论学习的高级干部，一半分批进入高级党校学习，另一半实行在职自修。

1955年8月，国务院转发《教育部关于训练学校领导干部和教育行政干部计划的指示》，要求对学校的领导干部和各级教育行政领导机关干部，由中央、省及专署三级教育行政领导机关逐级负责，采取分批轮训等办法，普遍进行一次培训。

"文革"期间，干部培训与提高工作严重受挫，高校管理干部培训机构基本停办。

3.2.2.2 恢复中发展：培训体系初步形成

党的十一届三中全会召开至20世纪80年代末，高校管理干部的培训工作在重新恢复中得以逐步发展。这一时期高校管理干部培训的基本特点有以下几点。

一是党和政府高度重视高校管理干部培训工作。1980年2月，中共中央《关于加强干部教育工作的意见》指出，"随着全党工作重点转移到社会主义现代化建设方面来，重新教育干部已成为当务之急"，要求各级党委和各条战线的领导机关，必须把干部教育当作实现四化的根本大计，认真抓好。1982年10月，中共中央、国务院《关于中央党政机关干部教育工作的决定》进一步指出："当前，要不失时机地抓紧培训干部，使干部教育工作经常化、正规化、制度化。"

二是提出了高校管理干部培训的目标内容、方式与途径以及制度保障与组织领导等方面的五项要求。1980年12月，教育部根据中央关于干部队伍"革命化、年轻化、知识化、专业化"的方针和加强干部培训工作的指示，下发了《关于加强高等学校干部教育工作的意见》，明确了高等学校管理干部培训与提高的五项要求。

（a）高等学校干部教育必须坚持以马列主义、毛泽东思想为指导，以解决我国四化建设的问题为中心，学习有关理论和实践知识，培养一支懂得马克思主义基本知识和党在新时期的路线、方针、政策，坚持社会主义道路，具有专业知识和管理能力，富于艰苦创业精神的干部队伍，并从中造就一大批各业专家。

（b）举办短期训练班，普遍轮训干部是当前和今后一个时期高等学校干部教育工作的一项重要任务。

（c）逐步实行正规的干部教育制度，把训练在职干部和培养优秀中青年干部的工作经常化、制度化，建设一支又红又专的干部队伍。

（d）认真抓好干部的在职学习，是提高干部科学文化水平的主要途径。

（e）加强领导，各高等学校党委要把干部教育工作列入重要议事日程。

三是运用高教管理研究成果培训干部。1984年正式成立了中国高等教育管理研究会，研究我国高等教育管理实践，探索我国高等教育管理规律，发展我国高等教育管理理论，并以研究成果培训我国高等学校管理干部。1984年以来，中国高教管理研究会一直坚持由教育行政干部、学校管理干部、专职研究人员三结合组成理事会，每年召开学术研讨会，专题研讨高等教育改革和发展涉及的管理问题，如管理体制、高校领导人素质、高等教育管理学的理论体系等。

四是高校管理干部培训体系逐步形成。1980年经国务院批准复办原教育行政学院，并更名为中央教育行政学院（1991年再度更名为国家高级教育行政学院），负责培训高等学校校级领导干部和各省、自治区、直辖市教委、高教（教育）厅（局）领导干部。学院由教育部直接领导，院长由教育部主要领导兼任。1981年经教育部批准，在部属北京师范大学、华东师范大学、东北师范大学、陕西师范大学、华中师范学院、西南师范学院举办高校干部进修班。在此基础上，1986年建立了华北、华东、东北、西北、中南、西南教育管理干部培训中心和天津大学高等工程教育管理干部培训中心，中心的主要领导由所在高校的副校长兼任。中心主要负责培训所在大区高等学校和各级教育行政部门的处、系级领导干部及其后备干部，同时也承担部分中小学干部培训任务。高等学校科级及科级以下干部由所在高等学校自行组织培训。至此,形成了在教育部党组领导下,教育部人事司具体规划、指导,国家高级教育行政学院、各干训中心和高等学校分工配合(一部分高等学校管理干部参加中央及省、市委党校的培训)的干部培训体系。这一体系的建立,标志着高等学校管理干部培训与提高工作开始步入正规化、经常化、制度化的新阶段。

3.2.2.3 发展中创新:培训内容日益完善

20世纪90年代至20世纪末,高校管理干部培训工作在党的基本理论和基本路线指导下,服务于新时期高等教育事业改革和发展的需要,主要表现出以下几个基本特点。

一是在培训的总体思路上,坚持以马克思主义、毛泽东思想、邓小平理论和党的基本路线为指导,按照干部队伍建设的"四化"方针和德才兼备的原则,以建设高素质教育管理干部队伍为目标,紧密结合高等学校教育改革和发展的实际进行,坚持用科学的理论武装干部、用先进的管理知识和技能提高干部、用有益的改革经验启发干部。正如《关于"九五"期间加强高等学校干部培训工作的意见》的通知所指出的那样,要全面提高高校干部的思想政治素质、业务能力和领导水平,努力培养造就一支政治坚定、德才兼备、懂教育、善管理、适应高等教育发展和改革需要的干部队伍。

二是在培训内容方面,注重把邓小平理论的学习不断引向深入;注重进行党的宗旨、优良传统和作风的教育;注重民主集中制的教育;注重马克思主义教育思想和先进教育管理理论与技能的教育;注重教育政策法规的教育;注重对高等教育改革实践经验的总结研究,使学习政治理论与高等学校管理有机地统一起来。主要课程包括马列主义、毛泽东思想和邓小平理论、形势政策、教育基本理论、教育管理理论、教育心理学、外国教育、教育法规政策、教育史、高等教育改革和科技前沿动态等。

三是在培训形式上,主要是举办短期培训班与专题研讨班。时间一般是两三个月,个别班次为一学年,短的一个月左右,更短的也有两三周。每期基本包括听取专题报告(讲座)、自学、研讨交流、参观考察、撰写论文、总结鉴定等环节。其中注重对高校各方面改革的研讨,涉及了体制、制度、教育内容、科研、国际交流与合作、后勤等各方面,使高等学校管理干部从国家整体改革和发展对教育提出的要求来认识高等教育改革的任务及其迫切性，增强搞好高等教育改革的主动性，促进高等教育改革的深入推进。

四是在培训视野上，注重对发达国家发展和改革高等教育事业经验的借鉴。20世纪90年代以来，教育部以及国家高级教育行政学院和各大区教育管理干部培训中心，先后组团赴欧洲、北美、日本、澳大利亚等国家和地区考察高等教育管理及高等学校管理干部培训与提高工作，积极开展对外交流与合作，注重吸收借鉴国外教育管理的先进经验。

五是重视高校管理干部培训工作的规划，加强干部培训教材建设。教育部根据中共中央组织部等方面的精神，在每一个五年计划实施前都对高等学校管理干部的培训与提高做出规划，精心组织落实。到目前为止，国家高级教育行政学院及挂靠在该院的中国高教管理研究会编写了包括《高等教育管理学》《校长的管理职能》《教育管理辞典》《高等学校后勤管理教程》《高等学校后勤管理实用技术丛书》《大学管理心理学高等教育原理》和《中国高等教育的改革与发展》等多部著作、教材；各干训中心也编写了大量的教材或教学参考资料；在涉外项目执行过程中，较详细地研究了各主要发达国家高等学校管理干部培训与提高的体制、机构、方式、教材、教学方法等，并在教育部人事司的领导下集中组织力量编写了配套的培训教材。

六是高校管理干部培训效果显著。以国家高级教育行政学院为例，仅自1990年下半年以来，就举办高等学校领导干部进修班14期，学员1019人；举办高等学校中青年干部培训班11期，学员949人；举办国家教委直属高校中青年干部培训班2期，学员85人；举办国家教委机关和直属单位中青年干部培训班2期，学员45人。仅上述进修班和培训班，就达29个，学员共计2098人。可以说，全国所有高等学校几乎均有校、处（系）级干部参加了国家高级教育行政学院的培训，许多中青年干部培训后被提升到校级或省部级领导岗位工作。同时，各干训中心也培训了两万余人次的高等学校管理干部。广大高等学校管理干部通过接受培训，提高了理论水平，了解了先进经验，开阔了视野，增强了发展和改革我国社会主义高等教育事业的使命感、责任感、紧迫感，普遍改善了高校管理干部的素质，增长了做好管理工作的能力，有效地促进了工作。

3.2.2.4 创新中提升：培训实效不断增强

21世纪以来，我国高校管理干部培训工作根据党中央大规模培训干部、大幅度提高干部素质的战略部署，加大了培训力度，取得了重要进展和显著成绩。

干部教育培训的目的是培育高素质干部队伍，为党和国家事业提供有力的思想政治保证、人才保证和智力支持。中央《干部教育培训工作条例》指出，干部教育培训要"坚持以理想信念、党性修养、政治理论、政策法规、道德品行教育培训为重点，并注重业务知识、科学人文素养等方面教育培训，全面提高干部素质和能力"。因此，干部教育培训必须注重科学安排培训课程内容的比例，坚持以"政治训练"为核心，突出思想政治教育，"以学习贯彻习近平新时代中国特色社会主义思想为首要任务，以坚决维护习近平总书记的核心地位，坚决维护党中央权威和集中统一领导为最高政治原则，以坚定理想信念宗旨为根本，以全面增强执政本领为重点，突出政治训练、政治历练，把提高政治觉悟、政治能力贯穿全过程"，❶ 不断提高党员干部政治判断力、政治领悟力、政治执行力。❷

新时代，高校要不断提高领导干部把握新发展阶段、贯彻新发展理念、构建新发展格局的能力，按照习近平要求的着重培养其政治能力、战略眼光、专业水平三个方面的重要素养，培养一支对党忠诚、个人干净、敢于担当、善于作为的高素质领导干部队伍。着眼于建设一流大学、一流学科和一流人才队伍目标，加快构建现代大学治理体系，培养高素质的高校干部队伍，要紧紧围绕习近平提出的三个方面能力要求，首要抓好以提高高校干部思想政治工作能力为主要内容的政治能力训练，同时要培训培育领导干部的战略眼光，提高干部的改革创新能力、服务教学科研能力、现代高校治理能力。

一是高校管理干部培训工作的战略性、基础性作用得以确立。伴随大学从社会的边缘走向社会的中心，高等教育在社会主义现代化建设中的作用更为突出。"要想拥有世界一流的大学，就必须拥有世界一流的大学管理者队伍"以及"加强干部培训是提高教育系统干部整体素质和能力水平的重要途

---

❶ 中共中央印发《2018—2022年全国干部教育培训规划》[N]. 四川日报. 2018.11.02（第04版：要闻）.

❷ 习近平在省部级主要领导干部学习贯彻党的十九届五中全会精神专题研讨班开班式上发表重要讲话强调 深入学习坚决贯彻党的十九届五中全会精神 确保全面建设社会主义现代化国家开好局[J]. 旗帜，2021（2），第5—7页.

径，是推进教育事业改革与发展的重要动力"的理念逐步成为共识。高等教育主管部门和高校管理层从贯彻落实习近平新时代中国特色社会主义思想、实现教育事业持续协调健康发展的战略高度，充分认识到干部培训工作的战略性、基础性作用，切实加大了管理干部培训工作的力度，更好地为加强党的执政能力建设和先进性建设服务，更好地为推进教育事业的改革与发展服务。

二是分层次、分类别、多渠道、重实效的干部培训格局基本建立。教育部主要负责研究制定培训工作的方针、政策和规划，通过协调、监督、检查和评估、信息服务，并辅之以抓典型、总结推广经验，扶植高校管理学科、师资队伍建设和推荐教材等方式，进行宏观管理和指导。教育部所属国家高级教育行政学院主要承担全国重点高校和其他本科院校的校级领导干部以及高等专科学校的党政一把手及其后备干部的培训任务。各省、自治区、直辖市和中央国家机关各部委高校干部主管部门负责统筹规划和组织实施本地区、本部门所属的高校管理干部的培训与提高工作。各高等学校进一步将干部培训工作纳入党委的议事日程，制定计划，认真落实，一把手以身作则。就全国而言，高等学校管理干部的培训工作进一步贯彻对外开放的方针，努力吸收、借鉴当代国际社会一切对我国高教干训工作有益的理论与实践成果。

三是培训制度逐步完善，计划调训、考核激励、质量评估、监督约束措施不断加强，初步形成了结构合理、特色鲜明、开放有序、富有活力的高校管理干部培训体系。坚持和完善了高校管理干部组织调训制度，逐步建立了高校管理干部培训的考核评价制度以及培训机构的资质评估与准入制度。引导培训机构努力提高培训质量和服务水平，逐步形成行业主管、公开平等、竞争有序的培训管理机制。着力于进一步激发教育系统干部自觉学习的内在动力，不断完善培训激励机制。课程教材建设着眼于提高干部的政治理论、业务素质和综合能力，适应干部不同学习方式的需要，坚持一纲多本、编审分开。主动适应建立学习型社会和教育现代化的要求，根据教育系统干部的特点，不断完善了多样化、弹性化、个性化培训模式，积极拓宽培训类型，不断探索"训研统筹""训练一体""训用结合"的途径，综合运用讲座式、参与式、案例式、模拟式、体验式等教学方法，引导、鼓励受训者积极参与社会调查、实践锻炼和教育研究,促进干部培训与教学科研、社会实践的紧密结合。为进一步加强对全国教育系统干部培训工作的组织领导,教育部成立干部培训工作领导小组,指导和统筹各级各类教育干部培训事业的协调发展。各地积极完善教育系统干部培训的领导体制,各级党委教育工作部门、各级政府教育行政部门要高度重视教育系统干部培训工作,把教育系统干部培训纳入教育发展规划中,统筹研究部署本地区教育系统干部培训工作。要将组织开展教育系统干部培训情况作为考核教育主管部门和学校党政领导班子业绩的重要内容。继续加强全国教育系统干部培训专家委员会等专业组织的建设,充分发挥干部培训专家咨询机构在教育系统干部培训中的作用。

3.2.3 从我国高校干部教育与培养中获得的启示

3.2.3.1 制订教育培训计划,提高教育培训的实效性

制订时间表可以有效提高教育培训的实效性。在学年初制订高校干部教育培训计划表,在教育培训活动开展之前给予高校干部充分的准备时间,使其提前了解教育培训的内容。同时,高校干部在接受教育培训时可以根据自己的预习情况,在课上提出疑问并与其他干部讨论,加深对教育内容的理解。这种具有计划性的教育培训方式可以有效提高高校干部教育培训的实效性,还可以使得高校干部根据时间计划表的安排,提前处理好个人事务,提高高校干部在教育培训活动中的出勤率。

3.2.3.2 改革教育培训内容,增强针对性

针对不同岗位的干部管理职责和职业发展方向制订具体的干部教育培训内容,可以有效提高高校干部教育培训的针对性和教育培训效果。通过有针对性的干部教育培训内容可以帮助高校干部掌握自己负责部门的实际需求变化以及专业发展情况。例如在经济类专业学院干部教育培训过程中,可以结合国际市场变动趋势和汇率变动等情况,对经济类专业学生未来的培养方向进行解析。对于职能管理部门干部的教育培训,以财务部门干部教育培训为例,应根据当前国际财务管理办法的变化,对其财务管理办法进行变革,帮助财务部门干部提高自身管理水平,提高高校财务管理的专业性和工作效率。

3.2.3.3 增强思想教育在教育培训过程中的比重

加强对高校干部的思想武装,增强其思想道德意识,帮助其树立坚定的社会主义理想,这对于高校管理和建设同样具有重要的现实意义。在干部教育培训过程中,要将思想教育与管理知识教育相结合,增加其在干部教育培训中的比重,用思想教育更好地推动管理教育内容的落实和发展,促进高校干部自身管理素质和水平的发展。

3.2.3.4 增强教育培训的时代性

随着时代的发展,企业培训已经摒弃了传统的讲座形式的教育培训模式,转而在培训过程中采用分组对抗的方式,通过组间 KPI(Key Performance Indicator,关键业绩指标)以及组内 KPI 的模式对教育培训的结果进行检测。这一教育培训模式可以有效提升企业培训的效率,帮助企业实现发展的目标。职业院校的干部教育培训应充分借鉴企业培训管理模式,将引入 KPI(关键绩效考核)教育培训模式,促进高校干部教育培训效率和教学效果的提升。

3.2.3.5 将人工智能应用于高校管理,推动高校管理的智能化

在高校干部教育培训过程中,引入人工智能技术以及大数据分析等现代高新技术手段,可以推动高校管理的智能化。运用人工智能的大数据分析,为高校干部定制精准的个性化培训内容,鼓励高校干部将人工智能应用于高校的日常管理中,利用人工智能的大数据进行分析和预测,减少数据收集以及分析的工作环节。这有利于提高高校干部决策的科学性,促进高校的智能化管理和运营。

3.2.3.6 建立完善的监督机制

建立完善的教育监督机制是提高高校干部学习效率和提高教育培训知识的应用效率的重要手段。对高校干部管理能力的定期考查,对教育培训内容的实施情况进行定期检查是监督高校干部学习效果的好方法,同时有助于整个高校管理水平的提升。

第 4 章 职业院校干部管理与培养的现状分析

职业院校的发展需要干部人才的支撑，我国职业院校干部在管理与培养方面虽然取得了一定的成绩，但也存在一定的问题，本章从职业院校干部管理与培养的现状方面进行分析，从而为职业院校干部管理与培养提供一定的借鉴。

4.1 现状

改革开放以来，我国职业院校在管理上的能力得到显著提高，并且加强了干部的建设。从"德"和"才"两个角度来评价，许多职业院校领导班子与干部队伍建设发展较快，管理干部队伍的思想政治水平普遍得到提高，年龄结构日趋合理，他们的教育层次在学历上逐步得到提高，年龄也趋于年轻。然而，在这些职业院校干部管理取得的成绩背后，仍有不少欠缺之处有待进一步解决：管理能力需提高、工作效率需加强、管理理念需更新、干部队伍臃肿、服务意识不强等，❶ 主要表现在如下几方面。

4.1.1 知识结构不合理、学历层次不高

职业院校缺少既有专业特长又熟悉管理的干部，有的干部缺乏管理知识以及系统的学习培训，在实践中管理经验不足，不能宏观把握，缺乏领导艺

---

❶ 吴高峰：《加强高校管理干部队伍建设的思考与对策》[J]. 浙江海洋学院学报（人文科学版），2005，22（2），第 98—101 页。

术和技巧；有的干部把教学科研和管理的主次颠倒，把教学成果当成管理的成绩，以至于对管理工作投入的精力不足，从而对职业院校的管理工作产生影响。长期以来重教学、轻管理，对干部管理人员的要求不像对教师那么严格，他们的专业结构、教育学历也没有被关注。具体表现为以下几个方面。

（1）人员组成不合理，不少职业院校干部是本校毕业生留校，或是学校家属，或是辅导员，或是由教师兼职。

（2）教育水平有待提高，本科学历占了大部分，甚至还有专科生，研究生学历较少。

（3）知识结构单一，大多数职业院校干部没有系统地学习过管理学等有关管理的专业知识，而是源于自身原有的专业背景，这就不能实现科学的管理，而停留在经验上，难免会妨碍管理水平的提高。

4.1.2 重视度和认识度不够，干部的素质和责任不符

职业院校干部管理的科学性欠缺，认为管理工作仅仅是为教学辅助的，做一些常规性的工作，不需要科学规划，于是不需要进行专业的岗位培训，任何人都会做，而且都能做好职业院校管理工作，这些都是对职业院校管理工作的误解。其实，职业院校干部的素质、能力和效率直接关系到教学等其他事务的顺利进展，应该对人员的引进、任用和培养进行长期规划。不能只对其任用，而不进行培训使其进一步地学习提高，他们在工资待遇和职称评比上都应该得到关注。有些职业院校干部在工作之初是抱有积极性的，并且认真地做好上级领导安排的工作，也对职工利益切实维护。但是，随着日后工作任务的繁重，以致没有空闲时间去做科研，另外，工作的考核评价得不到认可，职称评不上去，久而久之，其对待工作的热情慢慢退去，开始应付了事。他们的素质得到不到提高，责任感也渐渐失去。

4.1.3 管理效率不高，管理机制欠缺

首先，有部分职业院校干部存在一些不良思想和行为，比如，没有坚定的个人理想信念，对自己的政治立场不明确；还有的干部在长期管理工作中形成了官僚形式主义，不安心履行自己的职责，反而是搞关系，拍马屁，整天混日子，不思进取。

其次，管理机构臃肿，工作效率偏低。许多人无事可干，无人可管，个

人的积极性和危机感缺失。

最后，管理机制不够健全。虽然，目前我国职业院校的相关干部管理条例都具备，也安排了专门的部门来执行相关制度，但是，这些制度在制定的时候就缺乏合理性和科学性，在干部的选拔任用、培养教育和考核监督上都存在漏洞。

4.1.4 队伍不稳、存在感缺失

因为大部分人首先在观念上就对职业院校干部管理工作存在误解，觉得它是一种事务性工作，不需要费脑，不认为它是一门艺术和科学，对其价值的忽视，导致人们对职业院校干部的重视程度下降，使得他们的地位不高。在学校制定相关政策时都偏向了教学为主的教师，没有一视同仁，以至于教学科研人员的工作待遇等一直在提高，而对管理干部的待遇却未给予足够的重视，他们的工资、奖励与晋级都比不上具有相同学历和工龄的教师。这样的差别对待，以及对职业院校干部地位的忽视，必然使得该队伍不稳，缺乏后继之人。此外，不少科级干部及以下管理人员整日忙于烦琐的日常事务，学习进修机会少，再加上职业院校改革的深入，公开选拔、竞争上岗等加大了职业院校干部的心理压力，存在感不强，致使自愿投身于该工作的人越来越少，甚至低层管理工作出现断层。

4.1.5 职业院校干部贪污腐败状况

近些年来，伴随着我国职业院校办学环境和自主权的极大改善，尤其是在扩招政策的影响下，职业院校的办学水平和办学规模都取得了进步，从"精英化教育"转变到"大众化教育"。然而，我国高等学校的干部腐败案件也逐渐上升，同时，呈现出数量增多、程度严重、性质恶劣、影响深远等趋势，而且违法违纪的职业院校干部常伴有"高职务""高学历"和"高职称"的"三高"特点。本该是培养人才的职业院校净土，却成为贪污腐败的滋生之地。不仅有经济上的吃回扣、工程建设中的不法操作、招生工作中的受贿行为，还有学术上的造假腐败、文凭买卖交易、职称评比中的违纪现象等。例如，2014年蔡荣生在担任中国人民大学招生就业处处长期间受贿1000万元为考生在招生中提供帮助；2013年刘志和身为南昌航空大学副校长时受贿262.6万元，最终被查处并获15年的刑期；2012年湖南工业大学校长张

晓琪受贿 500 万元；2011 年武汉大学原常务副校长陈昭方也因贪污被依法查处。❶

职业院校干部无论是明目张胆的显性腐败，还是表面看起来合法的隐性腐败都逃不过法律的制裁。其中，显性腐败对社会公众的利益破坏是直接的，它对国家法律提出挑衅，贪污者利用自己手中的权力直接从事钱权交易、贪赃枉法，在采购、招生等项目中直接中饱私囊。而隐性腐败虽然表面上没有违反规则和法律，经常披着合法的外衣，且一般不涉及第三方，不存在直接的权钱交易行为，难以被发现，但其实质上却损害了社会公共利益、违背了社会公德。隐性腐败隐蔽性强、不易被人识别，更有一些职业院校干部腐败之前一般都预设了严密的防线和反调查措施，所以隐性腐败又被称为"合法腐败"。例如，职业院校干部在招聘中利用手中的权力，进行暗箱操作，通过诸如破格等特殊方式录取高官、商人等，直接对教育的公平性提出了挑战。此外，职业院校腐败的形式也向集体腐败蔓延，越来越复杂。比如，打着"为学校或为部门"的名义，让个人与集体挂钩，以至于让每个人都分担腐败的责任。职业院校内部各权力主体成了官官相护的利益共同体，达成了腐败同盟，使腐败干部的犯罪心理压力降低。由于一些职业院校高层领导干部也参与了某些集体腐败行为，在查处时，就会出现执法不严、权大于法的情况，使得难以告破一些腐败案件。如若成功查处一起，便会牵连出一群人，影响很大。

由于职业院校的特殊性质，从某种程度上而言，职业院校干部贪污腐败、以权谋私的后果比社会上的腐败更具破坏性。我们不能再对职业院校腐败视而不见，应当将其与中国社会主义事业相结合，与职业院校的有机健康发展相协调，职业院校干部的反腐败工作刻不容缓。如何在职业院校干部管理过程中深入贯彻廉政文化建设也已成为亟待解决的难题，没有良好的环境支持，职业院校干部管理工作便要大打折扣。

4.1.6 职业院校干部管理的重要性

第一，从资源角度：影响资源的有效配置。职业院校干部掌握了一定的

---

❶ 丁慧，刘丽颖：《高校腐败现象的成因及其治理方略探析》[J]．辽宁师范大学学报（社会科学版），2011，34（1），第 18—21 页。

行政权力和财政权力,对干部管理不善,必然会导致在分配资源时根据关系和影响而定,而不是根据个人及组织的实际需要及能力做出决定;干部的任用、培养和监督评价体系不健全,也难以保证职业院校的各项工作顺利开展,这必然浪费了社会资源,达不到合理分配的目的,使得应有的价值无法得以创造。

第二,从社会角度:关乎社会的公正、公平与和谐。比如,职业院校干部不依照法律规则办事,会直接破坏社会应有的机会公平。如果连最起码的平等都不能保障,必然使得每个人的"起点"相异,这对社会公平而言就是在侵蚀它的底线。部分职业院校干部就是通过利用手中的权力对这一"底线"进行破坏,侵吞国家公共资源,破坏基本的社会正义。最明显的便是干部腐败造成了分配的不公平;种种职业院校干部管理的不善,必然会使广大职工产生强烈的不满。

第三,从经济角度:影响国家的经济发展。教育是关系文化建设的基础,职业院校干部直接影响到职业院校工作的开展,从而对教育产生作用,他们的素质和能力水平,关系国家命运。而且职业院校干部管理不善导致的腐败猖獗更是会直接造成公共利益的损失。国际反贪局联合会第一届年会就曾提供了相关数据:因高校干部腐败每年导致的经济损失,在发展中国家为200亿美元,在发达国家这个数字则高达5390亿美元。❶

第四,从政治角度:关乎政治稳定。社会公众授予职业院校干部的公共权力,理应服务于公众利益,而不能有其他任何目的。但职业院校干部如果在管理中,没能合法行使手中的权力,使其不再为全体教职工和学生的利益服务,本质发生了改变,变成与金钱为伍,权力被资本化和私有化,便会导致政权出现合法性危机。于是,职业院校中自然会流露出"升官发财"的思想氛围,如此必然最终危害政治稳定。

综上,职业院校干部管理建设的重要性可见一斑,它是关乎资源配置、社会公正、经济发展和政治稳定的大事,对职业院校干部的管理只能不断加强,切不可听之任之,随波逐流。

---

❶ 召迅:《聚焦全球反贪峰会——国际反贪局联合会第一次年会暨会员代表大会特别报道》[J].检察风云,2006(22),第4—7页。

4.2 存在的问题分析

总体来说，职业院校干部管理存在的问题可以归纳为以下几点。

(1) 思想认识不到位　目前大部分职业院校都是在选拔上下大功夫，坚持选拔任用的相关程序和原则，虽然做好了入口关的把控，但是在其上任之后，便在思想上疏于关注。在之后的考评和监督中，只是关心工作绩效，而忽略了干部就任之后的日常管理和监督，对干部布置的任务多，却很少检查。即使部分干部存在不良行为或思想不端，也不会被及时批评指正，这些都会对职业院校干部的健康成长产生直接的负面影响。

(2) 内容和主体不明　《党政领导干部选拔任用工作条例》是职业院校干部管理的主要规章制度之一，虽然它对选拔任用的工作进行了思想上、原则上和条件上的规定，也提出了一系列的选拔任用环节。❶ 以期通过一套完整的方案来选拔任用党政领导干部。但是，对于干部管理的内容，❷ 在范围上并不明确，缺少一个系统阐述。另外，干部管理主体的职责划分也并不那么明确。职业院校存在党委、组织和宣传等部分，还有各种级别之分，但是每个部门之间的管理权限、管理的广度和深度以及管理的效果有些交叉。

(3) 管理科学化待提高　部分职业院校的管理水平和方法还处于粗放型管理，没有在管理的科学化上着重考虑。比如，缺乏对后备干部的教育和培养，对不同类型职业院校干部的分类重点管理，例如，少数民族干部、女性干部等。另外，对一些关键的、重要的岗位，没有引起足够的重视，对这些岗位的干部无论从选拔的源头，还是在后续的培养以及监督考评上，都应该重点关注。

4.2.1 职业院校干部选拔任用问题

职业院校干部是保障职业院校各项事业和谐健康发展的必然要求。做好职业院校干部的"入口关"是健全高等学校干部管理建设的重中之重。然而，在实际的选人用人工作过程中，未能形成良好的氛围，选人用人机制缺

---

❶ 即通过规范民主推荐、考察、酝酿、讨论决定、任职、依法推荐、提名等一系列环节。
❷ 包括竞争与交流、教育与培训、考核与任免、监督与廉政等。

乏竞争性，未能促使优秀人才脱颖而出，反而挫伤了职业院校干部们的工作积极性，使他们对自己的要求放松，随波逐流，得过且过。

4.2.1.1 选拔任用的具体标准不明确，责任难界定

虽然相关制度在文字上予以程序规定，但是在具体的操作过程中，对这些抽象的原则仍然难以把握，定性的多，定量标准不够。在复杂程序多的选拔任用工作中，只要出现一个环节的失误，就会影响干部选拔的质量。然而，在整个选拔任用程序中：民主推荐—组织考察—组织讨论。对于每个阶段，由谁负责，怎样负责，都没有做出明确规定，以至于责任难界定。在出现选人用人的失误现象时，便难以追究到底是谁的责任，如此便成了集体责任，而集体责任最后就会成为"法不责众"。

4.2.1.2 对职业院校干部选拔任用工作的思想认识不够

有些职业院校领导利用个人权力对民主推荐或干部考察工作施以影响；有些干部甚至把民主推荐和组织考察等变成形式主义，并不是真正到职工中去听取意见，图自己省事，只是走走程序而已；还有些职业院校干部具体工作人员，在操作时顾忌上级领导的"弦外之音"，不能很好地落实职工参与工作。此外，一些职业院校教师自身也存在问题，不敢说真话，怕被打击报复，于是在职工调研时，一味做"好人"，谁也不得罪，甚至违背真实情况，去给选拔对象投票。

4.2.1.3 考察主体力量弱化

组织筛选考察的力度和透明度均存在一些问题。

其一，缺乏公开性，除了考察工作的私密性，有些职业院校的组织部对考察信息也没有公开的习惯和意识。

其二，组织部门的工作人员少，基本是个位数字，然而需要考察的对象却不少，除了人员的工作量大、人手不够、工作任务繁重之外，再加上考察的时间有限，要想在规定的时间内完成众人的全面考察评价，这其中必然会使得考察工作打折扣。

4.2.1.4 职业院校管理人员的专业组织缺乏独立性

职业院校管理人员的专业发展离不开专业组织的发育和成熟。专业可以保证专业权限和保障专业水准，有利于提升本行业的专业地位，从而获得社

会的信任。专业组织对于推进职业院校管理人员的专业发展有着重要的意义。

在我国,与职业院校管理人员专业发展最为密切的专业组织要算中国高等教育学会了。按照中国高等教育学会的宣传,中国高等教育学会是由高等教育界有关社会组织、机构及教育工作者自愿组成的,从事高等教育科学研究、实践探索等活动的全国性、学术性、非营利性的社会团体。

由于历史和制度的原因,我国的专业组织在很大程度上是一个政府下设机构,代表国家意志,不是一个完全的民间的专业组织,而是"半官半民"型组织,其享有的专业自主权和决定权有限。譬如,有的研究者通过研究发现,2001年,民政部要求全国高校科研管理研究会、全国高校社会科学管理研究会并入中国高等教育学会,并更名为中国高等教育学会科技管理研究分会和中国高等教育学会社会科学科研管理研究分会,不具有法人资格。从管理体制上看,高校科研管理研究分会和高校社会科学管理研究分会从原来受到教育部科技司、社科司的监管发展到分别受中国高等教育学会、教育部科技司、社科司的多重监管,地方性的专业组织还要受到中国高等教育学会科技管理研究分会、中国高等教育学会高校社会科学管理研究分会、地方高等教育学会、教育厅、局、委科技管理部门的多重监管,组织的依附性更强。不符合职业性组织专业化的发展方向。[1]

在我国,纯粹由一线职业院校管理人员组成的、致力于职业院校管理人员专业发展的独立的、稳定的专业协会仍然缺位。在各个省也有一些民间成立的专业协会,但是活动不稳定,参与者多为中高级管理人员,职业院校基层管理人员参与专业组织的很少。

4.2.1.5 职业院校职员制改革不完善导致管理人员身份不明

教育职员制度自2000年试行以来已经走过了二十多个春秋,但并未在全国职业院校范围内推广。究其原因,还是人们对职员制度存在认识上的误差和职业院校职员制度本身的不完善。从职员制的文本和实施职业院校的实际情况来看,职员制在具体操作层面也存在实际困难。专业技术人员考核指标非常明确,但职员年度考核和任期考核的主观性却非常强。

---

[1] 周倩:《高校科技管理人员专业化建设》[M]. 中国社会科学出版社,2010,第282页。

一是职员考核内容主观性强。考核内容一般包括德、能、勤、绩、廉，除了"绩"部分外，其他部分主观性较强。

二是职员考核成绩构成主观性强。考核一般包括定性和定量两部分，定性成绩主要依据单位民主测评而定，定量成绩主要依据对职员个人业绩的主观测评而定。

三是考核方法主观性强。考核主要通过述职、主观打分和投票等方式和方法来进行，缺少客观的考核方法。❶ 现行的职业院校的"职员制"改革基本上参照政府机关、事业单位的行政管理模式进行改革，行政人员表面上实现了"身份"的转变，但是"按人设岗"而不是"按需设岗"，"按岗聘人"的情形并没有改变，加上基于职位的工资结构，使得行政管理人员将"升职"作为工作的动力。❷ 这些都导致职员制改革进展缓慢。

我国职业院校职员制改革由政府发起，国家层面的政策确立了其改革的基本框架。但是由于我国职业院校长期没有办学自主权，国家与职员制相关的配套制度不改革，往往会影响职业院校职员制的实施。例如，职业院校职员制的高级职数比例设定、职级层次的确立等都受制于国家政策，改革很难突破既有政策的限制；职业院校职员待遇的提高受制于政府主管部门对职业院校职员制改革中新的工资改革方案的认可和对职员新工资的备案；职员工资没有独立系列，其工资系列与人事部规定的工资系列不配套；我们国家的社会保障制度还不健全，导致管理人员在学校之间、学校与社会之间的流动很少，落聘人员只能依靠学校内部消化，未聘人员的培训、分流和再次竞聘问题较难解决……❸ 我国职业院校推行职员制二十多年，但进展缓慢。职业院校之所以积极性不高，其原因是多方面的，而其中最为重要的原因在于：职员制使管理部门人员预期利益受损，异于公务员制的职业院校职员社会认可度低，双肩挑教师严重挤压管理部门人员发展空间。❹ 凡此种种，导致职

---

❶ 张洪高：《我国高校职员制改革的困境与出路》[J]．现代教育科学·高教研究，2015（3），第113—114页。

❷ 王庆林：《"教育先行"价值观视域下高校去行政化策略及环境》[J]．黑龙江高教研究，2015（8），第9页。

❸ 臧莉娟，赵敏：《论高校管理人员职业化及其推进策略》[J]．南京理工大学学报（社会科学版），2007（5），第74页。

❹ 郭必裕：《高校管理人员职员制与职称评定的考量》[J]．煤炭高等教育，2017，35（1），第91页。

业院校职员制的实施不是哪一个学校单方面的行为,也不是人事部和教育部就可以解决的,它还需要其他方面的配套政策和措施。

职业院校职员制改革的不完善导致职业院校管理人员身份不明,结果导致职业院校虽然实行了职员制,可是职业院校内部仍然按照原有的行政职务来制定工资细则,导致职业院校内部职员制改革陷于瓶颈。同时,由于没有充分认识到职业院校不同于其他事业单位,有自身独特的性质,职业院校职员制改革的设计者往往看不到职业院校的教育属性,忽视了职业院校职员既需要管理专长又需要专业技术的特性。这些都阻碍了职业院校管理人员的专业发展。

另外,本书认为我国职业院校近20年来的规模扩张也在一定程度上造成了职业院校职员制改革处于困境。从1999年开始,中国大学学校的教育收入和教师个人的经济利益紧密联系在一起。通过经济利益激发教师的"潜力",使得中国高等教育"跨越式"地完成了高等教育的大众化并直奔普及化。在巨大发展的同时,"中国的高等院校应该是人类历史上从未有过的最像企业的大学。"❶ 在这一过程中,不少职业院校教职工人员相应成倍增长,大学精神还受到"官本位"和盲目商业化的侵蚀,学术自由和大学自治被拜金主义和功利主义所湮没,官僚主义严重,民主氛围较差。❷ 在改革中,政府的权力空前扩大,职业院校内部忙于规模扩张。一方面,在规模扩张的过程中,传统的行政干部的管理方式更有利于"集中力量办大事",于是产生了非常严重的职业院校"行政化"问题。另一方面,规模扩张时,人们往往无暇顾及管理人员群体的专业发展问题。而当形势发展到今天,职业院校已经从规模扩张转向内涵提升的背景下,随着职业院校管理人员的职业化基本完成和职业院校管理人员队伍素质的整体提升,重新思考职业院校管理人员的职员制改革和管理人员的专业化建设与专业发展问题,当更有必要性和可行性。

---

❶ [日] 金子元久:《大学教育力》[M].徐国兴,等译.华东师范大学出版社,2009,第124—127页。

❷ 王本锋,刘新民,唐玉琴:《高校管理绩效增进综合模型构建——基于管理过程理论的分析》[J].当代教育科学,2015 (11),第37—38页。

4.2.2 职业院校干部教育培训问题

4.2.2.1 干部教育培训制度不够完善

有的职业院校对干部教育培训的认识高度存在问题，"重任用轻培养"的现象大量存在。尽管近年来，职业院校在这方面也取得了一定的成效，但由于种种原因，很多职业院校只是照搬国家规定的制度，并将培训内容稍稍修改即可，没有与自己学校的情况相结合，也没有针对不同岗位和不同干部，更是缺乏科学性，在如此没有规范的情形下，要使教育培训工作顺利开展，必然要面临现实阻挠。

任何职业都需要通过不断地培训才能真正实现职业的专业化，从而能够胜任岗位的需求。这种教育培训既包括入职前的教育，也包括入职后的教育培训等。入职前的教育是指人们在准备选择自己的职业时，为未来职业生涯所进行的知识、技能的学习和培训。在职的教育培训则是从业者围绕岗位需求不断进行学习的过程。而我国职业院校行政管理人员在从事行政管理工作以前大多缺乏必要的入职前教育；在入职以后，又缺乏系统的在职教育。

职业院校对管理人员的继续教育和培训缺乏制度化。许多职业院校还没建立职业院校管理人员必要的学习制度。目前，我国职业院校将管理人员的培训等同于干部培训，由学校党委组织部、党校等部门负责组织，培训形式普遍以课堂讲授为主。职业院校管理人员的继续教育内容缺乏系统性，具有较大的随意性，一般只服从于上级的安排。在这种制度的影响下，职业院校管理人员的自主学习积极性不足、学习积极性不高。具体表现为：学习只为评职称、涨工资，而不注重学习不断发展的科学文化知识及社会发展所必需的新知识与技能，不注重终身学习。只重视业务学习，忽视政治理论学习。有学者对124名处级管理干部过去5年累计脱产学习时间进行了统计，发现仅有8.87%的处级干部过去五年累计脱产学习时间在三个月（550学时）以上，多数处级干部的脱产学习时间在一个月以下，远不能达到教育部关于教育部门处级以上领导干部每年参加脱产学习时间不少于110学时、5年内达到550学时（3个月）的培训要求，甚至有12.1%的管理干部5年内从未参加过有组织的脱产培训。❶ 这些都说明我国职业院校管理人员的教育培训制度缺乏系统性。

此外,我国职业院校管理人员的教育培训制度中存在的问题还体现在将职业院校管理人员的培训等同于职业院校领导干部的培训。这样做的结果,一是培训的针对性不强;二是对基层管理人员的关注不够;三是容易导致"行政化"。在职业院校管理人员的专业发展中,尤其应该注意关注位于基层的普通行政人员。职业院校基层管理人员承担着切实执行相应决策和要求的作用,他们的工作态度和专业能力,直接决定了管理的效果。由于职业院校管理人员晋升通道的狭窄,很多职工的角色定位十分重要,这需要职业院校更加重视基层管理人员的专业化水平,加强对他们的角色的规范;同时,也要加强对基层管理人员的培训和思想教育,促使其树立良好的专业发展意识,为教师提供高效优质的服务,更好地履行职责。同时,也只有通过高效专业的服务,才能使教师群体理解职业院校管理工作的价值和不可替代性,为职业院校管理人员自身赢得尊重。❷ 因此,职业院校基层管理人员的专业化建设对实现大学管理体系的完善起着至关重要的作用。

4.2.2.2 教育培训的培训方式单一,培训效果有待提高

在具体的培训工作中明显存在着理论与实际的脱离,适用性不高。由于受一些条件制约,集中辅导学习,然后上交个人心得感想,这样的模式往往是职业院校干部教育培训的常用方法。培训的目的是更好地工作,将理论与实践结合,从而指导工作,提高工作效率。然而,单一的教育培训方式,导致职业院校干部不能吸收学习内容,"学"与"干"成为两回事。这样缺乏调研的培训,不能满足干部的实际需求,反而影响了培训的质量,达不到预期的效果。此外,还存在工学矛盾的问题,由于职业院校干部要承担纷繁的工作,学习时间上的安排便出现矛盾,不能保证有足够的时间来进行学习培训,故而,在一定程度上会抱有应付的态度,请假也成了培训过程中常有的事情。更有一些职业院校干部认为政治理论学习是可有可无的,所以消极对

---

❶ 张国兴,王东:《高校管理干部教育培训工作针对性研究》[J]. 国家教育行政学院学报,2013 (1),第 84 页。

❷ 陈浩:《高校行政管理人员的专业化建设——基于学术权力与行政权力冲突的视角》[J]. 山东高等教育,2016 (1),第 17—18 页。

待。这些都造成了极大的人、财、物等资源的浪费。❶

4.2.2.3 教育培训的监督和约束机制还不够完善

不少职业院校在教育培训之后会进行所谓的考核,可是往往流于形式,参加培训和不参加学习的人,并没有任何激励和约束差别,学与不学一个样,久而久之,职业院校干部便失去了动力。不少职业院校相关部门也认为干部培训不是必需的,没有经过培训的人员同样可以上岗。

实际上,职业院校中大部分的干部自身是需要进行教育培训的,无论出于时代的发展需要,还是个人晋升及能力提升的需要,只要诸多妨碍性的因素能够减轻,便会促使他们积极地去学习。

4.2.2.4 职业院校管理人员专业伦理建设没有得到应有的重视

专业伦理是现代社会所兴起的社会伦理的中心层次,在现代社会伦理中具有越来越重要的意义。从职业社会学的角度来看,一个职业能否成为专业,除了需要有专业知识、专业技能、专业训练以外,专业伦理往往起到积极的促进作用。职业院校管理人员的专业伦理不但有利于职业院校管理人员在职业工作过程中树立正确的价值观、道德观、职业观,明晓自身行为对错真伪,还为职业院校管理人员提供一种在获得自己行动表现和言语表现权力同时的约束力量,进而具体影响职业院校各项工作目标的完成。

在日常生活与学术研究中,伦理与道德两个概念经常交叉使用。严格来看,道德与伦理的区别在于,它们分别是从主观和客观两个不同的视角对事物的理解状态。道德指人的品质和行为的准则或规范,而伦理则比道德深入,是道德现象的概括,指的是人与人之间关系的原理和规则。我国的道德与伦理则是部分与整体的关系,道德是部分,其含义就是人际行为应该如何规范;而伦理则是整体,其含义则除了人际行为应该如何规范外,还包括人际行为事实如何的规律。❷ 与社会伦理相比,专业伦理具有更强的规范性,它要求从业者严格遵守规则和纪律,一旦违背不仅会受到社会公众舆论的批判,甚至可能会面临一些惩罚和告诫。❸ 由此可见,伦理与道德存在着密切

---

❶ 赵豫林:《增强高校干部教育培训工作实效性的思考》[J]. 信阳师范学院学报(哲学社会科学版),2003,23(5),第63—66页。

❷ 王海明:《伦理学原理》[M]. 北京大学出版社,2001,第66页。

❸ 史慧明:《高校辅导员职业伦理研究》[D]. 南京师范大学博士学位论文,2012,第50页。

的关系。

现代意义上的专业伦理滥觞于新教伦理。在新教伦理的影响下，勤奋努力工作成为一种美德和道德义务，并影响到了教育，促进了"职业人类"的形成。而在中国，则往往缺乏西方现代意义上的职业精神。这在中国的转型期表现得特别明显。因为职业化是社会发展的趋势所在和现代社会突出存在的现象，公共精神即是在此基础上得以培植起来的。❶ 职业场所是个人在实际生活中最为具体的社会环境，可以说它就是与从业者之"私"相矛盾的最为直接的"公"。职业中的公私关系的认知与调适成为此矛盾的主要内容。因此，公私分明、公私划界是职业角色伦理建设的一个前提。职业上的"公"是一般公共精神的起点和酝酿。

与职业角色伦理相联系的一个概念就是职业精神。从职业角色伦理的角度来看，职业精神其实就是一种职业化（Professional）的精神。职业化精神以公私划界为前提，它要求在职业境遇中必须以公共利益为基准。总之，这是一种正式或明确的态度，而不是一种非正式或笼统的态度。职业角色伦理建设的这一特点，在现代社会表现得尤为典型。❷ 相反，在传统社会则非常缺乏这种职业化的态度或精神。职业精神实为公共精神，职业化意识或职业意识的缺乏即为公共精神的缺乏。精神职业领域是公共精神的一个极好的成长点。公民一般的公共精神，可以在以职业化意识为中心的职业精神基础上引申和发挥出来。

由于人们对于职业院校管理的专业性认识不足，导致一些职业院校管理干部没有按照专业伦理的要求来规范自己的行为，养成了一些官僚主义、形式主义的作风，工作方式方法落后，在实际工作中，职业理想、敬业精神树立不牢、职业认同感较弱，功利主义思想严重，工作中牺牲奉献精神差。

具体表现为以下几点。

（1）缺乏献身教育事业的精神，敬业精神不高。

（2）缺乏责任担当意识。有的职业院校管理人员只满足于不出事，在工作中态度生硬、表现涣散、举止粗俗，在学生心目中造成极坏的影响。

（3）道德信仰体系出现混乱，有违法乱纪行为。一些职业院校管理人员

---

❶ 秦启文，周永康：《角色学导论》[M]．中国社会科学出版社，2011，第248—249页。
❷ 秦启文，周永康：《角色学导论》[M]．中国社会科学出版社，2011，第249页。

功利主义思想泛滥,对涉及自身利益的事十分关注,对于与自身利益无关的事情则漠不关心,对个人报酬斤斤计较。有的职业院校管理人员甚至经受不住经济利益的诱惑,争名夺利,见利忘义,不安心本职工作,利用手中掌握的职权进行权钱交易等。

(4) 部分职业院校管理人员缺乏团结协作精神,过于关注自己,同事间不但不相互尊重、取长补短,积极合作,反而互相诋毁、相互拆台,难以形成工作合力。❶ 凡此种种,都说明职业院校管理人员的专业伦理建设任重道远。

4.2.3 职业院校干部管理组织与监管问题

4.2.3.1 职业院校干部监督考核机制不健全

职业院校干部离不开有效的监督,否则,其会因为滥用权力而导致腐败问题。近年来,查处了不少职业院校干部违纪违法案件,它们大多依靠的是广大职工的举报,或是在查办其他案件时引带出来的,这说明了,一者职工监督仍需加强,二者反映出了党内监督体系的不健全、不规范。

主要体现在以下方面。

(1) 信息不够透明公开　由于很多职业院校干部的信息不向职工公开,在广大教职工不知晓信息的情况下,又何谈有效的监督信息,这便使得"监督"显得相当无力。

(2) 监督的标准不够明确　缺乏统一的量化标准,使得职工即使知道了相关信息后,也不能准确地判断职业院校干部是否满足条件,这样便只能从主观上来谈谈对其的总体印象了,如此,主观色彩浓厚,难免评价不客观,不能起到有效的监督作用。

(3) 缺乏监督的责任制度　职责不明晰,一旦某个环节出现问题,难以找到直接负责人,最后多半是不了了之。此外,对职业院校干部的监督,尤其是对"一把手"的监督机制匮乏。❷

与此同时,如何客观公正地对职业院校干部进行考核一直是职业院校干

---

❶ 姜颖昌:《高校行政管理人员职业道德建设研究》[D]. 山东师范大学硕士学位论文,2011,第23页。

❷ 杨克瑞:《中国高校的权力结构与监督模式》[J]. 清华大学教育研究,2010,31(2),第84—87页。

部管理工作的薄弱之处和难点。

首先是缺乏完善的考核评价体系。一般它的内容只涉及常规意义的五项能力（即德、能、勤、绩、廉），却明显缺少与岗位相关联的考评指标，这使得所有的考评评价均是一个内容，千篇一律，不论何种级别的干部，无论从事何种岗位，都用一个指标进行考核，这显然是不合理的。

其次是定性指标多，定量考核项目少，不能将定性和定量有机地结合起来，这样得出来的结果难免显得宏观和主观，不利于相互比较。

再次，考评结果的使用沦为形式，不能及时地反馈给个人，也未能有所区分地进行有效的奖励和惩罚措施。这些都影响了职业院校干部的工作热情和积极性。

4.2.3.2 对职业院校管理工作的专业性认识不足

高等教育是一项专业性的事业，这种专业性不但体现在高等院校开展专业教育、按照专业培养人才，更体现在高等教育有很多专业性的知识、专业性的理念不是职业院校之外的人所能很快理解。但是在实践中"高等教育事务的专业性仍付之阙如，大学教研活动的专业化、高等教育管理的专业化、大学校长的职业化仍没有受到应有的重视。"[1] 反映到高等教育管理中，就是职业院校对行政管理工作的专业性缺乏充分的认识和足够的重视，认为管理工作就是一些简单的事务性工作，人人都能做、人人都会做，可以上传下达、照章办事就可以了。

我国对于职业院校管理人员职业化、专业化的理论研究和实践建设都比较晚。在很长一段时间内，我国高等教育发展缺乏优良的环境，职业院校管理人员一直没有独立的身份。再加上我国"学而优则仕，仕而优则学"文化传统的影响，我国职业院校内部行政文化弥漫，导致我国职业院校管理人员始终以"干部"自居。这种对职业院校管理工作专业性的认识不足，导致我国职业院校管理人员现行的管理体制存在着两种情况：一是按照专业技术人员的管理模式，二是套用国家行政模式，形成了管理的二元性。许多职业院校管理人员既有行政职务，又有专业技术职务，属于"双肩挑"甚至"三肩挑"。他们中相当一部分人既要搞党政管理工作，还要承担教学科研工作，

---

[1] 王建华：《高等教育学的危机与改造》[J]. 高等教育研究，2016（11），第34页。

准备高一级专业技术职务的申请。❶ 这种将专业的学术性和管理的科学性混在一起的状况，很大程度上削弱了职业院校管理的科学性和规范性，同时也给职业院校管理人员专业化建设带来很多难题。

对职业院校管理工作专业性的认识不足还体现在我国职业院校内部管理机构与党政机关的设计有着极大的相似性，其结构基本就是政府的浓缩型翻版。不少大学的行政职能部门交叉重叠设置，甚至有些机构完全是因人设事、因事设位的产物，导致很多行政管理机构职能单一、人浮于事、遇事互相推诿、资源浪费、效率低下。而反观欧美大学的行政职能部门，则结构简单、职能清晰、成本低下、工作高效。例如，德国柏林自由大学仅靠 8 个行政管理部门就很好地担负起了全校 37000 余名师生员工的大学行政管理和服务工作。❷ 正是由于对职业院校管理工作专业性的认识不足，导致目前职业院校管理人员的组成和来源过于复杂，除了直接留校和外校应聘的应届毕业生，也有专业技术岗位转岗的和一些引进人才的随调家属。许多职业院校管理人员在进入职业院校行政管理岗位之前并没有经过严格的选拔，存在着很大的照顾和人情面子等因素。由于职业院校管理人员素质参差不齐，导致我国职业院校管理工作水平和行政效率较低，管理手段比较落后、方式方法陈旧、服务能力偏弱。譬如，有学者对河南省 7 所不同层次职业院校的任课教师进行调查后发现任课教师对职业院校教务处和院、系教育行政管理工作的满意度评价较低，只有 1/4 的教师对教务处的行政管理和服务表示比较满意。❸ 由此可见，职业院校管理人员的专业发展必须首先树立职业院校管理专业性的认识。

4.2.3.3　事业单位制度导致职业院校管理人员对于组织的依附性较高

中华人民共和国成立后，我国所有职业院校都被纳入了当时单位化的国家治理体系之中，大学的各项制度安排都在单位制的基础之上设置和运作。事业单位制塑造了职工对职业院校和职业院校对于国家的双重单向依附。事

---

❶ 姜颖昌：《高校行政管理人员职业道德建设研究》[D]. 山东师范大学硕士学位论文，2011，第 24 页。

❷ 眭依凡：《理性捍卫大学》[M]. 北京大学出版社，2013，第 244—245 页。

❸ 田秋香：《高校教育行政管理人员服务能力现状实证研究——以河南省 7 所高校为样本》[J]. 湖北第二师范学院学报，2012（6），第 100 页。

业单位制导致了极具刚性的人事聘用制度，职业院校人事聘用特点更直接、意涵更丰富的概括是"事业编制"，职业院校通常很难解聘具有"事业编制"的人员，包括职业院校行政管理人员都具有终身制。❶ 作为一种有着鲜明中国特色的组织制度，事业单位的人事制度脱胎于传统干部人事制度的基本范畴，就目前发展状况来看，依然没有完全摆脱其母体的影响。因此，事业单位的人事制度除了具备公共部门的人事制度的普遍特征以外，还具有依附性、过渡性、不规范性和不平衡性。❷ 在终身雇佣制的"保护"下，直接催生了职业院校管理人员对于组织的高度依附性，其工作的自主性始终没有建立起来。当然，也有学者通过对我国某大学 M 副校长与分管单位的干部换届聘任案例的分析，探讨了我国大学聘任制改革背景下广泛存在的大学成员从依附大学组织转变为依附大学领导的实际情况。❸ 这些无不说明，我国职业院校行政管理工作还缺少自主性。

这种本质上的终身制、"铁饭碗"制使得职业院校行政管理工作缺乏激励机制和竞争意识，结果导致管理效率低下，职业院校行政工作权力的强化，抑制了其他部门权力的正常发挥。目前，我国职业院校在去行政化的要求下所实行的聘任制往往流于形式，各个职业院校普遍沿用的依然是政府管理人员的身份定位，这种定位使职业院校行政管理者实际掌控着学校发展和利益分配的主动与支配权，同时，拥有与政府对等的行政地位。❹ 在组织结构上，科层化是我国职业院校组织结构的典型特点。学术管理方面，管理机构不够健全，作用发挥不充分。学术机构多是从事学位评定、职称评审等学术管理工作，而在学术规划的制定、学科建设战略及相关学术政策的制定等许多重大问题上，多由行政部门做出决策，行政机构代替学术组织发挥作用。❺ 这些都导致行政管理人员拥有比较大的权力，向职员制改革的动力不

---

❶ 韩亮：《单位制的消解与大学治理能力的生长——以养老保险制度实施为视角》[J]. 高校教育管理，2016 (1)，第 44—45 页。

❷ 刘晓苏：《事业单位人事制度改革研究》[M]. 上海交通大学出版社，2011，第 21—23 页。

❸ 朱家德：《从依附大学组织到依附大学领导——聘任制改革中大学成员依附发展研究》[J]. 现代大学教育，2016 (6)，第 83—90 页。

❹ 李萍：《当代高校行政管理者的价值困惑——以吉登斯"自我认同"论为视角》[J]. 河南社会科学，2015，23 (3)，第 120 页。

❺ 王本锋，刘新民，唐玉琴：《高校管理绩效增进综合模型构建——基于管理过程理论的分析》[J]. 当代教育科学，2015 (11)，第 37—38 页。

强。同时，由于计划经济管理体制的影响，我国职业院校长期以来按照国家的行政命令办学，学校开展的各项工作都受到管制，丧失了自主发展的积极性。这一切都导致整个职业院校的行政管理工作滞后于社会进程，不管是管理理念还是工作手段，都显得相对落后。这都在影响职业院校行政管理工作效率的提高。由于职业院校管理人员属于干部编制，其待遇参照科级、处级标准，导致职业院校内部行政化趋向愈演愈烈。受干部终身制的影响，干部不能做到能上能下，往往会消极对待改革。凡此种种，都使得我国职业院校管理人员的专业发展缺乏内在动力。

第 5 章　职业院校干部管理与培养的对策

5.1　管理理念

5.1.1　树立长远的人才战略

5.1.1.1　确定人才战略措施的原则

原则从字面上理解就是原理和规则。任何事物的存在和发展都遵循一定的原理和规则。同样，我们确定人才战略措施，也需要在一定的原则下进行。

(1) 符合人才战略任务要求　任何职业院校的人才战略，都有具体的任务和要求，这些任务和要求是确定人才战略措施的重要依据和准绳。人才战略措施只有符合人才战略任务要求，才能定位准确，这样的措施才具有现实性和可操作性，就我国而言，符合人才战略任务要求这条原则有着丰富的内涵。

a. 要坚持以人为本　以人为本，不仅是一种哲学理念，也是一种管理模式和管理实践，亦称"人本管理"，其核心就是尊重人和激发人的热情，强调人才在管理活动中的参与意识和参与行为。人本管理就是以人为本的管理，指以人的全面、自在的发展为核心，创造相应的环境、条件，以个人自我管理为基础，以组织共同愿景为引导的一整套管理模式。进入 21 世纪以后，党中央、国务院再三强调要坚持以人为本。因此，在未来相当长的一个历史时期内，"以人为本"将成为我国人才战略规划核心思想的组成部分之一，自然也应该在人才战略措施中得到贯彻和坚持。

b. 要加强党管干部、党管人才　2021年5月22日，中共中央发布了《中国共产党组织工作条例》（以下简称《条例》），《条例》对党的干部工作、人才工作内容作出规定。要求我们要贯彻党管干部原则，坚持正确选人用人导向，着力培养忠诚干净担当的高素质干部；要贯彻党管人才原则，构建科学规范、开放包容、运行高效的人才发展治理体系，全方位培养、引进、用好人才。

要加强干部队伍建设。建设一支忠诚干净担当的高素质专业化干部队伍。坚持正确选人用人导向，牢固地围绕主体，打造高素质人才队伍，培养和吸引高层次的急需人才，提高人才队伍的整体素质。树立重实干重实绩的鲜明用人导向，坚持严管和厚爱结合、激励和约束并重，最大限度地调动广大干部的积极性主动性创造性，大胆使用在工作中善于化解重大风险、驾驭复杂局面、作出突出贡献的优秀年轻人才，为干部队伍注入新活力。

要加强人才队伍建设。千军易得，一将难求，从古至今，国家的发展都离不开人才。党员干部要珍视人才，严格把好人才选拔关，让优秀者优先，有为者有位。尊重人才，将选人用人摆在更加重要的位置，但不能"唯才是举"，有才无德是危险品，党需要的是德才兼备，对党忠诚，敢于担当之人，因此，要坚持好干部标准，提高选人用人的质量。同时，要关心关爱人才，通过深入调研、座谈走访等方式，深入了解在人才队伍建设中的问题和困难，积极帮助解决各类问题，真诚关心人才、爱护人才、成就人才，形成尊重人才、爱护人才、使用人才的良好氛围。

c. 要注重完备性　人才战略任务要求是具有宏观指导性的方略，它包含着人才建设方方面面的内容，蕴含着关于人才建设发展的完备体系，以此为蓝本的人才战略措施，必须覆盖人才战略任务要求的每一个方面，不可挂一漏万。在人才战略措施内容方面，至少要体现指导思想、目标、重点、工作步骤等内容；同时，要有具体措施、组织保证和调整修改等预先安排。

d. 要突出现实性　人才战略措施是贯彻落实人才战略任务要求的工作蓝本，现实性和可操作性是它的根本特点，在制订措施目标时，需要考虑现实性问题。一般而言，拟订人才战略措施目标，要适当，既有一定高度，又不好高骛远。同时，目标要有针对性，是实际需要的、现实的。

e. 要有时间跨度　一方面，人才战略任务要求的时间跨度决定了人才战略措施的时间长度；另一方面，人才战略措施的时间长度，可以有自己的独立性和灵活性。一般来说，人才战略措施的时间跨度为十年左右。

(2) 符合人才战略实施的条件　确定人才战略措施时，要符合人才战略实施的条件，在考虑这些条件的过程中，一方面要从实施过程中考虑，如实施步骤、实施策略等；另一方面也要从整体观的角度看全过程的条件因素，如经济活力、政府、科教水平、人文因素等。

a. 从实施过程的角度理解人才战略实施的条件

(a) 在人才战略措施的实施步骤上，要把实现人才战略的长远目标与人才发展规划的近期目标结合起来　人才战略作为组织发展战略中的一个重要组织部分，是为实现组织长远发展目标而对人才资源所建构的宏伟蓝图，它仅就人事人才问题提出了总体性的要求，因而只能是一个大致的粗略框架，不可能对实施的具体问题作出精细的规定。要实现人才战略，必须针对本单位、本地区的内外条件和实际情况，对人才战略加以分解和细化，制订出具体的数量、质量指标和完成时限，成为一个个相互关联而又各自保持相对独立的人才规划，这样，人才战略措施在实施过程中才具有可操作性。可以说，人才战略措施是根据人才战略而产生的，是人才战略的具体化和展开，是为贯彻人才战略服务的。人才战略措施既是人才战略实施的重要组成部分，又是联结实际行动与人才战略的纽带，因而它既要有目标上的坚定性，坚持人才战略确定的长远发展目标不动摇，同时又要有利于指导处于不断发展中的人事人才工作实践，具有实际的指导价值。人才竞争国际化的特点越来越明显，人才战略措施的内外环境的变化将更加复杂，再详细的人才战略措施也不可能适应未来的所有变化。因而，必须适时地调整和修正既有的人才战略措施，以保证人才战略长期目标的实现。只有那些以人才战略为依托并富有灵活性的人才战略措施，才具有强大的生命力，才能坚持正确的方向，并始终为实现组织的长远目标服务。

(b) 在人才战略措施的安排上，要把实现重点突破与整体推进结合起来　在人才战略措施的实施过程中，我们要坚持两点论基础上的重点论，既要实现一般人才的全面发展，满足各项事业发展的需要，保持人才资源开发的整体推进，又要突出重点，以关键人才发展上的突破带动人才队伍的全面发展。落后的发展中国家、地区或单位，要在较短的时间内赶上发达国家或单位的生产力发展水平，必须在人才战略措施上选准突破口，努力实现人才队伍的跨越式发展。例如，二十世纪六七十年代，我国的整体科技水平并不高，但在党中央的部署和指引下，我国集中了国内著名的一流科学家，进行集体攻关，成功地研制出了"两弹一星"，使我国在核武器、卫星等高科技领域里占有一席之地。在过去的几年里，印度集中人力、物力重点发展计算机科学，其软件产业一直保持每年50%以上的增长率，远远高于世界软件产业20%的年增长速度，成为仅次于美国的世界第二大软件出口国。人才战略措施，涉及人事管理体制的改革、人才市场的发展和完善、高素质人才的培养、人才的国际合作与交流、人才激励机制的完善等一系列重大问题。我们要以人才战略统揽人才战略措施的全局，认真分析人才战略实施过程中遇到的新情况、新问题，解决新矛盾，通过人才战略措施的制订，把人才战略思想提高到新境界，实现跨越式发展。

b. 在整体观下把握人才战略实施的条件　把握人才战略实施条件，需要在整体观下，弄清影响人才战略实施最关键的条件。就我国而言，以下几个条件要引起高度重视。

(a) 经济活力　经济活力表现为一个区域的社会经济是否能够长期保持较高的增长速度。一个地区不管其发展水平如何，只要具有发展的活力，勇于吸纳外来投资和人才，社会经济持续增长，就必然会给各类人才用武之地，给人力资源的开发提供发展的空间。当然，现代经济的持续发展必须建立在科技进步的基础上，经济建设要真正转到依靠科技进步和提高劳动者素质的轨道上，需要人们普遍重视创新，重视知识，崇尚竞争和协作。这样，实施人才战略才能获得巨大的动力和基本的物质基础。

(b) 政府　在市场经济体制的条件下，政府仍然承担着对人力资源进行宏观调控的责任，在人力资本的培育、人才的流动与资源配置等方面发挥着重要作用。因此，高效廉洁的政府必将促进人才战略与人才政策的贯彻实施，从而为人才战略措施的实现提供有利条件。

(c) 法治环境　良好的法治环境不仅意味着一个地方具有健全的法律法规体系，特别是劳动与就业方面的立法能满足社会经济发展和人的全面发展要求，而且意味着司法机关严格执法，各类组织和人员严格依法行事，法制监督公开有效。在这样的背景下，职业院校干部的合法权益都能得到保障，特别是执法的过错责任能及时得到追究。干部行为有了法律的规范与约束，人力资源的培育，人才的流动与竞争，人才的聚集与开发等活动才能规范有序地进行。而不好的法治环境，则会导致相反的效果。因此，良好的法治环境是人才战略实施非常重要的条件。

(d) 科教水平　科学技术与教育的发展水平，直接关系人力资源质量的高低。科学技术的发展不仅表现为高科技投入的增长，科技教育的提高，科技研发的成果不断增加，而且表现为较强的科技转化能力，具有充足的高素质的应用型研发人才，雄厚的研发资金和促进研发的激励机制，能迅速将已获得的知识和技术资源变成现实科技生产力。通过教育加强对劳动者的劳动态度和价值观、劳动技能等方面的教育与培训，不断提高人力资源的质量，是实施人才战略的必要条件。

(e) 人文因素　人文因素是职业院校实施人才战略非常关键的因素之一。一个既重视自然科学与技术，又充分重视人文社会科学；既高度崇尚科学的理性思维与理性精神，又具有尊重人、关怀人、以人为本的人文环境，不仅可以使人的全面发展要求得到普遍认同与尊重，而且可以使人才的价值与作用被充分肯定，为吸引人才、留住人才、聚集人才和发挥人才的作用提供广阔的空间。

(3) 符合人才战略主体的实际　一切从实际出发，具体问题具体分析，是马克思主义的重要原理。我们在确定人才战略措施时，必须深入分析人才战略主体的具体情况，做到战略措施的内容与战略主体的实际相一致。就职业院校而言，各部门的领导者、教职工是人才战略的实施主体。在制订人才战略措施时，要把发挥领导者的关键作用、广大职工的主体作用和人事人才工作者的纽带作用结合起来，充分调动各方面的积极性，只有这样，人才战略措施才具有现实可能性。

在人才战略实施主体中，领导者的作用至关重要。一个组织中，任何活动的开展都与组织的领导者息息相关。领导者的密切关注，必然带来组织对这项活动的政策性倾斜，为活动的开展和实施提供便利，否则就有可能中途夭折或不了了之。只有领导者和决策者站在全局的高度，以长远的眼光认识实施人才战略的重要性，切实把人才资源当作第一资源摆在战略的位置上常抓不懈，才能为职业院校的可持续发展提供素质优良、结构合理的人才资源，推动事业的可持续发展。因此，领导者是人才战略能否得以顺利实施的关键，也是制订人才战略措施时首先要具体分析的实施主体。

把握实施主体的实际情况，需要全方面、多角度、宽领域地理解人才战略中实施主体的意义，一方面要从工具论的角度看待在人才战略实施过程中的主体的实际，另一方面也要从目的论的角度把握实施主体的情况。工具论人才战略是指把人才战略视为经济社会发展整体战略的从属战略或职能战略，把人的发展视为推动经济社会发展的"工具"。从现有文献资料看，主张工具论人才战略的学者较多，虽然他们的观点各有不同，但是他们立论的出发点无一例外地指向了工具论。目的论人才战略是指强调人的主体性地位，把人才战略与经济社会发展战略视为同一层面的战略，或者把人才战略视为高于经济社会发展战略的战略，主张人的全面发展是职业院校发展的"目的"。

(4) 符合现代人才建设培养趋势　在制订人才战略措施的过程中，我们还要把握现代人才建设培养趋势，只有把握了发展趋势，才能把战略措施制订好。

a. 着力培养创新型、高层次复合型人才　现代经济社会的发展，导致社会分工越来越细，现代科学也在高度分化的基础上趋于新的综合，它激发和促进了各学科领域、经济社会结构的变革和发展。这一时代发展的大趋势，一方面导致现代人才的外延发生巨大的变化，人才的定位不仅仅局限于专业技术人才，还包括党政人才、职业院校经营管理人才等；另一方面导致对现代人才的素质提出了新的更高的要求。我国要建设创新型国家，建设新型职业院校，就一定要培养一大批创新型、高层次、复合型高素质人才。

b. 应用型人才将成为时代的宠儿　随着高科技和高技术的迅猛发展，科学与技术逐步融合，在社会发展中形成了完美的统一。科学、技术、生产三者之间的交互作用关系比历史上任何时候都要强烈，三者关系的拓展和深化，导致基础研究、应用研究、技术开发越来越一体化，职业院校管理领域越来越需要更多的应用型人才。人才是否具有较强的社会工作的适应性，将成为检验现代人才建设培养成效的重要标准。

c. 人才信息化趋势不可逆转　信息技术的发展，必将导致生产力的飞跃，进而引起社会的产业结构、生产体系和经济体制的大变革，并将带动社会结构、管理模式和意识形态的改革，最终实现从工业社会向信息社会的转型。在信息化社会，信息就是资源，信息就是生产力，掌握信息、取得信息、分析信息成为信息时代职业院校对人才的根本要求，人才信息化大势不可更改。

d. 制度和环境建设将成为人才建设培养的关键　国家现代化的一个重要特点就是制度体系的现代化，现代化的制度带来的是良好有序的社会环境。培养现代化的人才，其关键在于是否具有现代化的制度和环境。没有好的制度和环境，就留不住人才。近年来，我国出国留学人员大增，而留学人员回国就业的只占较少部分，一些高端人才没有回来。究其原因是多方面的，但一个重要的原因就是没有好的制度和环境。比如，我们在出入境和长期居留、税收、保险、住房、子女入学、配偶安置，担任领导职务、承担重大科技项目、参与国家标准制定、参加院士评选和政府奖励等方面的政策和措施都不够完善，这是我国人才吸引保留方面存在的瓶颈问题。

e. 事业单位去行政化是大势所趋　就我国而言，职业院校等事业单位存在的行政级别和行政化管理模式是计划经济时代的产物，长期的"官本位"传统带来的负面影响很大。市场化改革迫切要求事业单位走向社会、走向市场，事业单位去行政化是大势所趋。建立灵活有效的人才制度、收入分配制度，去行政化是关键。在人才管理方式这一层面上，未来的发展方向是，取消高校的行政级别，在科研等事业单位探索建立理事会、董事会等形式的法人治理结构，建立与现代科研院所制度、现代大学制度和公共医疗卫生制度相适应的人才管理制度。

5.1.1.2　人才战略措施的内容构成

人才战略措施是人才战略的实施路线图，是职业院校等人才建设中观层面的工作方案，它具有丰富的内容，就其要者，有以下几个方面。

(1) 人才观念方面的措施　人才观念，是指一定主体关于人才的认识和评价。它是人才战略的基石，决定着人才战略的方向，有什么样的人才观念，就有什么样的人才战略。观念反映思想，思想指导行动，在人才战略措施众多的内容中，人才观念方面的措施是带有根本性的、第一位的东西。只有不断加快进行人才价值、人才选拔、人才使用、人才配置等方面的人才观念创新培养，才能更好地进行人才资源的开发和利用。

a. 确立"人才是第一资源"的人才价值观　人才是最重要的战略资源。当今世界的竞争，说到底是人才资源的竞争。人才不仅是一种资源，而且是一种资本，是能给国民经济直接带来巨大效益的资本。在经济价值方面，人才把知识、能力、技术运用于生产之中，提高劳动生产率，创造更多的物质财富，产生更大的经济价值。人才是科学技术的载体，人才的作用通过科学技术的作用表现出来，随着科学技术的发展，人才的经济价值越来越大。人才是最宝贵的财富，在精神价值方面表现为以其高尚的美德、品质和模范行为感染人、激励人，不仅对其周围的每一个人产生教育意义，而且对提高整个社会的道德水平，推动社会的精神文明建设，有着重要作用。人才是最宝贵的财富，在科学价值方面表现为在实践的基础上提出新的思想，创立新的理论，创造新的技术，从而推动科学技术向更深更广的方面发展。人才是决定效益的关键因素。人才是生产诸要素中最重要的因素，也是最活跃的因素。人类的劳动追求的是实现价值、创造效益，在如今这个知识经济时代中，脑力劳动成为劳动形式的代表，劳动者生产要素在社会发展中的地位也得到提升，作为脑力劳动高级形式的人才在价值、效益创造过程中的作用越来越重要。人才必然要靠其得天独厚的高级创造性劳动为社会经济发展做出贡献，并成为决定效益的关键。

b. 确立"不拘一格"的人才选拔观　开阔视野，确立"大人才观"。发现人才、培养人才、选拔人才、聚集人才是人才资源开发工作的几个关键环节。用怎样的观念进行这几项工作，对于人才资源开发的效果和效益有很大的影响。开阔视野就是要开阔人才培养、选拔的广度和覆盖面，树立"大人才观"。俗话说，"三百六十行，行行出状元"。在三百六十行中，凡有一技之长，且在实践中发挥作用，能推动社会进步的都是人才。一个人能不能被称为人才，关键是看他能不能把积累的经验、学到的知识、拿手的技术、掌握的信息，以创新的精神运用到实践中去，进行创造性的劳动，得出创造性的成果。不拘一格，就是要破除思维定式。选拔人才不拘一格，就是要破除思维定式和习惯上的特殊要求，如年龄要求、性别要求、专业要求、综合素质要求等，要克服重理轻文、重研轻用、重工轻农、重外轻内、重大轻小等旧观念。重点是改变官本位和唯身份、唯资历、唯文凭、唯职称等过时的选人用人观念，树立重能力、重实绩、重贡献，鼓励创业、鼓励创新、鼓励竞争的用人新理念。

面向市场，建立人才选用机制。面向市场发展需求，建立动态的人才信息网络系统，使人才资源优化配置具有畅通的信息渠道。改变人才能进不能出、职务能上不能下、待遇能高不能低的落后的选人用人制度，建立流动配置、合同聘用、竞争上岗、科学评价、严格考核、强化监督等新的选人用人机制。建立人才选拔的竞争激励机制，以公平、公开、公正、平等、竞争、择优的原则选聘人才。充分发挥定期的人才市场、人才报告会、中介所等中间组织的作用，促进人才的选拔、流动和配置，追求市场在人才的优化配置中效益的最大化。

c. 确立"人尽其才，才尽其用"的人才使用观　党政人才、经营管理人才、金融证券人才、农业人才、企业人才、科技人才等，在素质要求、工作性质、作用发挥途径等方面有很大的区别，这就必须打破以往对人才使用管理的固化模式，寻求建立不同类别的人才使用管理体制，进行人与事的科学配置。因事用人，量才使用，知人善任。知人是善任的前提和条件，善任是知人的目的和结果。只有在实践中知人，才能正确地做到善任。人才资源不同于自然资源，人的创造力有一个最佳的时期，人才资源具有较强的时效性。只有适时地使用人才，才能创造最大的效益；否则时过境迁，就会埋没人才，贻误事业。因此要敢用新人，善用有争议、有个性的人，要打破论资排辈的固有观念，不拘一格地起用新人，委以重任；要遵循人才的成长规律，尊重和容忍人才的某些个性，让他们在属于自己的舞台上尽情地施展自己的才华，放手使用；要遵循人才资源的基本规律，充分考虑人才资源的时效性，避免人才资源的闲置消耗，适时使用。创新机制，激励竞争，激发活力。要通过深化干部人事制度改革和推进人才市场建设，形成干部能上能下、人才择优使用的机制，使各类优秀人才脱颖而出，奋发进取，健康成长。在市场经济条件下，没有竞争，就不会发现人才；不参与竞争，就不会成为人才。竞争机制的形成是人才使用观创新的关键所在，不但要有选拔、引进机制和激励、预期机制，还要有更新、淘汰机制。

d. 确立以市场为导向的人才资源配置观　放眼世界，人流、物流、信息流和资金流,是现代市场经济开放特征的体现,是市场交换规律的表现形式。在市场经济条件下,人才作为最活跃的生产要素,总是流向最能发挥其作用的地方,因此,必须树立人才资源全社会拥有、全社会共享的新观念,确立以市场为导向的人才资源配置观。要尊重人才流动规律,鼓励人才在产业、地区、城乡之间合理流动,打破人才单位所有制、地区所有制、部门所有制的束缚。发展和完善人才市场体系,健全劳动和职业指导服务机构,规范人才竞争和流动秩序,使市场在人才资源开发的配置中逐步起到基础性、决定性作用,建立以市场为导向的人才资源配置观。

实现人才共享的突破性方式应注重三个方面。

一是人才共用,跨地区、跨部门共同使用人才,鼓励人才为社会共有。管理人员和专业技术人员应以一个部门为主,为本部门服务,同时也可为其他部门服务;既可以在本单位长期工作,又可以在其他单位短期任职;在保留或脱离原劳动关系的情况下均可以到另一单位搞项目承包;允许实行双薪、多职双薪,建立双套或多套人事关系。

二是鼓励兼职,凡有兼职能力和兼职时间的人才,在不侵犯本单位知识产权和经济权益的前提下,可以在企事业单位之间进行兼职,并将范围从专业技术人员扩大到企业家,允许企业管理者兼任职业院校的领导。

三是智力引进,以工业上的产品开发、技术创新、工艺设计、关键技术和关键设备的攻关和农业上的高新技术及农业产业化、集团化、农产品深加工等为重点,多层次、多渠道地引进人才和技术成果。

(2)人才组织方面的主要措施 人才组织主要指从事具有中专以上学历和初级以上职称人员的人事活动和业务的组织,是国家人才公共治理和服务结构的重要组成部分。人才组织方面的措施是人才战略措施的重要内容。加快人才组织发展,充分开发和利用人力资源,为各类人才提供高质量服务,是贯彻落实人才战略的必然要求。

a. 鼓励社会人才组织参与职业院校改造,培育若干集团式社会人才组织 政府应深化人力资源服务业方面的体制改革,积极推进管办分离,将市场化经营业务剥离出去并推向市场。在转型的过程中,应鼓励职业院校通过股权并购、股权置换、相互参股等方式进行重组;鼓励和引导社会人才组织参与职业院校的资产重组和股份制改造,培育若干集团化、规模化、品牌化运作的社会人才组织，激发产业活力。

b. 社会人才组织自身之间要加强合作，促进社会人才组织规模化、集团化经营　社会人才组织已经成为一股重要的市场力量。社会人才组织及其行业协会应加强区域间人才信息和业务的协作，推动社会人才机构进行跨地区、跨领域的资产重组和资源整合，改变过去单打独斗的局面，加快规模化经营，提高市场地位和竞争力。

c. 培养和引进中高层专业人才，提高人才组织的专业化水平和自主创新能力　人才组织要注重自身人才的培养和引进，要不断调整服务项目结构，延伸服务领域，创新薪资福利管理、社会保障管理、人力资源培训开发及职能外包等中高端服务项目，更加突出细致的专业分工，不断开发新的"专、精、深"服务产品，增加服务的专业化程度、技术含量和附加价值。

d. 着力培育品牌，创新社会人才组织管理措施，壮大社会人才组织的发展　社会人才组织要做大做强，必须打造自身品牌。要学习国内外先进理念和经验，着力在服务水平、管理水平、服务质量上下大功夫，努力成为国内知名的人力资源服务业品牌。

一是加快立法步伐，统一人力资源服务内容与行业标准，放宽社会人才组织的市场准入，吸引国际知名人力资源服务机构入驻，引进国际先进的人力资源服务理念、服务项目、服务技术、服务标准和管理模式，带动人才行业整体水平的提高。

二是采取多种奖励扶持和优惠政策，包括税收留成返还、引进人才资助等。

三是搭建平台，引导人力资源服务业集群化发展。

四是扶持和培育一批重点职业院校。对列入重点扶持的骨干组织，要在高级职称评审、职业资格证书发放、博士后流动站设立等人才政策上予以重点倾斜。

（3）人才政策方面的基本措施　政策是政党和国家为完成一定时期历史任务而制定的方针。在我们日常生活中，经常运行的不是政治制度，也不是法律法规，而是各种各样的政策。同样，在人才建设领域，经常运行的不是人才战略，而是各种各样的人才政策。因此，人才政策方面的措施是人才战略措施的核心内容，合理完善的人才政策以吸引人才、留住人才、人尽其才为目标,对于稳定人才队伍,减少人才资源的不合理流动,都具有重要意义。人才政策方面的措施有很多,但基本的框架如下。

a. 人才引进政策　建立有利于人才引进的软硬件环境——制定一系列切实可行的人才吸纳政策。采用灵活的引进办法、克服户籍、档案制度对人才引进的阻碍,制定人才智力投资、技术入股等市场化运作机制,制定知识产权保护政策,确保智力引进者和输出者双方的权益,增强智力引进的动力。

b. 人才使用政策　建立人才考评政策——实行评聘分开,强化职务聘任制度和职业资格制度。逐步推行人才的社会化评价和认定,促进人才评价体系的规范化和科学化。人才流动配置政策——推行人才资源的市场化配置政策,制定以限制性条款为主体的人才流动政策,加强人才流动的合理性、有序性。保护人才与用人单位的合法权益,制定倾斜政策,引导人才向重点发展的产业集聚。

c. 人才激励政策　建立人才工资政策——建立人才的市场定价机制,人才的工资报酬由人才价值和市场供求关系决定。建立多元化的分配方式,对专业技术人员实行专利、技术和成果入股政策。建立人才奖励政策——推行协调、统一的多元奖惩制度,精神奖励与物质奖励综合运用。进一步完善突出贡献人员重奖政策,实行"一流人才,一流报酬"。

d. 人才保障政策　建立人才福利政策——实施社会化、货币化的人才福利政策。福利发放以货币为主要形式,同时加强社会福利功能。制订人才最低福利保障标准,解除人才的后顾之忧。建立人才退休政策——推行人才工作年限协商制,高层次人才适当延长退休年龄。实行单位与退休人才双向选择自主决定的返聘政策,充分发挥"银色人才"的作用。

(4) 人才制度方面的措施　制度是定型的规章,对于目标任务的完成具有举足轻重的作用。当前,我国社会发展面临诸多难以解决的现实问题,迫切需要一大批高端人才。要站在国家和职业院校长远发展的高度,加快制定具有国际竞争优势的人才制度方面的措施。要找准高素质人才极度匮乏这个紧迫问题的切入点,制定好引进人才、培养人才、使用人才、留住人才的人才制度,提升我国的人才竞争优势。

a. 健全和完善移民制度,吸引广大海外人才　自 2008 年中央实施海外高层次人才引进计划（简称"千人计划"）以来，我国引才工作成效显著，海外人才回流的意愿增强，一批优秀人才选择回国（来华）工作，引起国际社会、政界、学界与舆论界的高度关注。但毋庸置疑，我国在国际高端人才争夺战中仍处于劣势，对国际优秀人才的吸引、开发与使用跟一些发达国家相比还存在明显的差距。新加坡前任总理李光耀曾经讲过："中国是从13亿人中挑选人才，而美国是从70亿人中挑选人才。"[1] 我国每年流出与流入的人才比例严重失调，超六成留学生滞留海外。中国大陆留美学生获得博士学位后，倾向于继续留在美国的比例为全球之最，在科学与工程等领域这一比例更高。不得不说，这是一个国家的综合实力与制度吸引力在人才层面的客观反映。要尽快扭转这种困难局面，就必须建立完善的人才吸引制度。从国际上看，多数国家通过采取长短结合的方式引进高素质人才。长，就是稳定的人才吸引制度；短，即各类人才政策、计划、项目等。目前，我国在短的层面上卓有成效，但应更加重视对人才发展影响更基本的长期制度建设，使之成为未来人才工作的重点。

党的十九大报告提出，人才是实现民族振兴、赢得国际竞争主动的战略资源。要坚持党管人才原则，聚天下英才而用之，加快建设人才强国。实行更加积极、更加开放、更加有效的人才政策，以识才的慧眼、爱才的诚意、用才的胆识、容才的雅量、聚才的良方，把党内和党外、国内和国外各方面优秀人才聚集到党和人民的伟大奋斗中来，鼓励引导人才向边远贫困地区、边疆民族地区、革命老区和基层一线流动，努力形成人人渴望成才、人人努力成才、人人皆可成才、人人尽展其才的良好局面，让各类人才的创造活力竞相迸发、聪明才智充分涌流。

在长期的人才吸引制度中，移民制度是最关键的手段，能帮助发达国家规模化地吸引人才。有效的人才移民制度需要兼具开放性、法制化和选择性三个特点。开放性是指对于所需人才，敞开心胸，打开大门。比如，世界上已有约90个国家以不同方式在一定程度上承认和接受双重国籍。同时，开放性还体现在实际操作中，对高端人才的便利性，如美国一直推动"特殊人才直通车"的国家移民政策，对著名学者、高级人才和具有某种专业技术的

---

[1] 吕红波：《一个真实的创新中国》[M]．航空工业出版社，2018，第211页。

人才优先授予绿卡与公民资格,以此快速网罗全球顶尖的人才。法制化是通过法律进行调节与规范。如美国从1881年就制定了移民法,此后多次进行修改,以找到最需要的人才。以至于有人评价,美国的移民法就是一部人才法。选择性是指把需要引进的人才引进来,把不需要的人拒之门外。当前,世界上大多数国家虽然允许移民,但采取打分制对申请人员进行评价,对符合其需求的大力引进,对不能为其创造价值的则拒之门外。反观我国人才吸引制度,近些年有一些突破,如扩大了"永久居留证"的签发范围,进一步完善了外国人在中国永久居留享有相关待遇的相关政策。但在很多方面,仍需要进行更加科学的评估与更大胆的突破。如我国不承认双重国籍的规定、绿卡的范围与针对性、往返中国签证的行政审批程序,等等。此外,我国管理手段政策规范居多、法律保障不足等问题依然存在。这些都对我国吸引全球人才造成一定影响。在全球高端人才流动加速的时代趋势下,我们应以更加开放的心态,从国家战略的高度考虑和重视国际移民问题和国际移民对中国未来的影响,采取更加有效的举措,推进移民制度建设,吸引全球的优秀人才,为中国的发展建设贡献力量。

  b. 改革职业院校人才培养制度,大力培养优秀人才 建立国家人才竞争优势,需要源源不断地培养大批具有国际竞争力的优秀人才。人才的三种关键素质是知识技能、创新能力与奉献意识。以我国人才为例,当前,我国人才创新意识薄弱、创新能力欠缺,综合素质还不能满足建设创新型国家的要求,迫切需要改革人才培养制度,尤其是推进高等教育制度改革,提高培养的人才质量。钱学森先生曾说过:"现在中国没有完全发展起来,一个重要的原因是没有一所大学能够按照培养科学技术发明创造人才的模式去办学,没有自己独特的创新的东西,老是'冒'不出杰出人才。"钱老多年前的判断,在今天仍发人深省。同时,技术的发展、学习模式的改变、价值目标的变化,都对加快高等教育制度改革,提出了更迫切的要求与更大的挑战。高等教育制度改革可以做的很多,如教学内容、教学方法、招生模式、职业院校内部治理结构改革等。其中最核心也较具可操作性的是大学校长选任制度的改革。任何机构在任何层面都可以推进改革,而领导者常常是推动改革最重要的力量。校长的办学理念、发展眼光和能力素质对大学的质量有举足轻重的影响。历史上,如艾略特从根本上使哈佛大学蜕变为研究型大学，蔡元培造就北京大学一代辉煌等，都充分说明了好的校长能让一所大学产生质的飞跃。

(5) 人才资金方面的措施　人才资金是人才发展的必备物质条件，人才战略措施必须包括人才资金方面的措施。我国在人才资金投入方面的问题还比较突出，主要表现在以下几方面。

一是人才资金投入观念比较滞后，存在重物质投入轻人才投入、重资源开发轻人才开发、重项目引进轻人才引进的"见物不见人"的旧观念。

二是人才资金投入总量不足。尽管我国近年来一直秉承"四个尊重"（尊重劳动、尊重知识、尊重人才、尊重制造）的发展理念，但在实际举措中，政府投资于物和投资于人的比例存在一定的失衡。国家教育经费支出占国内生产总值的比值还较低。

三是缺乏多元化的资金投入机制保障。

四是人才资金投资在运用上结构不够合理。有限的人力资源投资在使用结构上出现严重失衡，主要体现在教育系统内部高等教育、初等教育、职业教育之间以及城市与农村区域之间的失衡。

基于以上关于人才资金投入方面存在的主要问题，在制订人才战略措施的时候，必须遵循人才发展的一般规律，盯住当前的主要矛盾问题，下大力气破解制约人才战略措施中人才资金落实方面的瓶颈，实现人才资金使用的价值。

a. 转变并树立人才资金投入新理念　转变并树立人才资金投入新理念，就是要转变以往过于偏重"物质投入"的思想倾向，树立"人才资金投入是效益最大的投入，是赢得未来的战略投入""人才开发是最具增长潜力的开发""人才引进是最有价值的引进"等新理念，切实从思想观念上重视起来，成为各级施政方针中的"硬杠杠"。

b. 形成人才资金投入优先体制　形成人才资金投入优先体制，就是要确立人才资本优先投资、优先积累的原则，确立人才发展国家优先投入体制，积极依靠人才资本优先积累，从体制上形成人才资金投入的保障力量，确保我国经济增长的人才发展核心优势。

c. 优化财税金融政策　积极实施促进人才投资优先保证的财税金融政策，从政策上推动人才资金投入的实施，将人才资金投入纳入整个经济社会发展的总体计划，建立财政预算投入制度，设立"人才开发专项资金"，较大幅度增加人才资本投资比重，有计划地提高发展性资金投入中的人才资源发展比例。

d. 拓宽人才资金来源途径　依据当前我国发展的阶段性特征，在加大政府对人才发展投入力度的同时，鼓励和引导社会、用人单位和个人投资人才资源，建立和完善以政府投入为引导、职业院校投入为主体、社会投入为补充、个人适当投入相结合的人才资金投入机制，拓宽人才资金来源途径。

e. 强化人才资金监管责任　有效的监管能够确保有限的资金用在最需要的地方，促使人才资金的使用获得最大的成效。强化人才资金监管责任落实，进一步规范和加强人才开发资金管理，科学规范使用人才专项资金，保证重点投入，尤其是对高层次、高技能、紧缺型人才培养工程的投入。

f. 积极引导并带动中西部地区人才资金投入　中西部地区由于地理条件等的制约，经济社会发展相对滞后于中东部地区，以致人才的流失也比较严重。为此，必须通过加大对中西部地区财政转移支付力度等途径，积极引导中西部地区加大人才资金投入，为人才发展创造良好的资金环境，为地区发展积蓄人才力量。

g. 积极利用好国际金融组织和外国政府贷款投资人才开发项目　利用外力为我所用是有效节约投入成本的举措，在实施人才战略的过程中，要注重通过国际金融组织和外国政府贷款等方式投资人才开发项目，以实现自我发展。

(6) 人才结构方面的措施　人才结构在很大程度上能够决定一个地区经济社会发展的走向，搞好人才结构的调整和布局，是实现科学发展、和谐发展的重要前提。

a. 要实行有计划的人才结构宏观调控　人才结构的调整完善必须符合我国经济社会发展的总体部署，并在经济社会发展过程中实现有效的政府宏观调控。在具体实施中，就是要根据国家中长期发展规划，做到人才结构有序调整、优先调整，并在经济社会发展的过程中，适时根据经济社会结构战略性调整的要求，实现人才结构优化升级，推进人才结构与经济社会发展相适应、相促进。

b. 要注重发挥市场配置人才资源的决定性作用　我国实行的是社会主

义市场经济,有效发挥市场在人才资源配置过程中的决定作用,符合人才发展的一般规律,这也是新一届党中央和中央政府的改革举措。在具体实施过程中,要在重点研究我国当前人才队伍结构的基础上,充分保障并发挥市场配置人才资源的决定性作用,彻底解决困扰我国人才发展的各种结构性问题。

c. 要坚持重点突出和统筹兼顾的实施策略 在我国社会主义现代化建设的进程中,在强国梦的指引下,依据当前现实国情,要重点培养一批我国现代化建设急需的创造型、复合型的高素质人才,构建和完善多层次、多形式的高级专家引进培养体系;同时着眼宏观,加强规划,尽快形成一支门类齐全、梯次合理、素质优良、新老衔接,能充分满足国家各项事业全面协调发展需要的人才队伍。

5.1.2 树立终身学习理念

在当今国际国内形势不断发展变化的情况下,职业院校干部只有认认真真地学习、与时俱进地学习、持之以恒地学习,才能始终跟上时代进步的潮流,才能担当起重任。可以说,职业院校干部的学习水平,在很大程度上决定着工作水平。

习近平总书记曾在《之江新语》中这样写道:"我们一定要强化活到老、学到老的思想,主动来一场'学习的革命',切实把外在的要求转化为内在的自觉。"❶ 在《之江新语》中,习近平将学习提到了前所未有的高度,他认为学习是文明传承之途、人生成长之梯、政党巩固之基、国家兴盛之要。

信息时代的学习方式,要以广大职业院校干部喜闻乐见、通俗易懂为主,特别是在新媒体环境下的学习教育,要充分发挥其多样化的信息传播方式,开发信息平台潜能,积极探索"支部朋友圈""网络生活会""在线党校"等新型学习平台,注重吸引性、乐趣性、便捷性,让广大职业院校干部打开电脑、掏出手机就能掌握最新资讯,吸收最新知识,更重要的是利用新的信息平台组织学习,可以极大地降低教育成本。新媒体环境下的职业院校干部学习方式的创新使职业院校干部教育焕发出新的活力,保证思想不落伍,职业院校干部不掉队。

---

❶ 习近平:《之江新语》[M]. 浙江人民出版社,2007,第41页。

作为一名肩负着党的任务和人民信任的职业院校干部,平时不仅要树立"终身学习"的理念,还要找到适合自己的学习方法,提高生活中常识和通识的认识水平,增强处理应变能力的本领,跟随社会发展的新形势,解决不断出现的新问题。要努力使自己成为所从事工作领域的"专家",做好自己的本职工作。

常言道:"腹有诗书气自华。"读书与不读书的人,日积月累,终成天壤之别。读书要有选择,读那些有闪光思想和高贵语言的书,读那些经过时代淘汰而巍然独存下来的书。这些书才能撼动你的心灵,激发你的思考。学习在于自我驱动。学习与思考密不可分,对现实中碰到的疑惑、遇到的问题,要在读书的基础上,用心进行思考,所谓学有所思、启迪心智。

举一反三、触类旁通、融会贯通,力求把分散的思绪理顺为系统的、把孤立的融会贯通变为相互联系的有机事物。当代名人学者李开复把融会贯通作为学习的最高境界,因为融会贯通的学习意味着思维、意味着回答、意味着尝试、意味着创新。联系实际,知行合一,把理论知识付诸具体工作中,真正把学习的收获转化为履职的本领、工作的思路、做事的办法和措施。

作为职业院校干部,在生活中应该如何更好地树立"终身学习"的理念并践行呢?

第一,职业院校干部要变被动学习为主动学习,提高学习的执行力,这是树立"终身学习"理念的前提条件。

第二,职业院校干部应该熟悉多元的学习渠道,提高信息搜索能力。现如今知识膨胀,信息纷繁杂乱,除了可以把迅速出版的刊物作为学习渠道之外,电视、网络课程、现场活动参与、数据库……都可以成为职业院校干部学习的途径和媒介。尤其是信息高速公路建成之后,各区域与世界各地紧密连接而成的信息网络,将使信息的传输、流通与交换成为唾手可得的事情。为了更加开放,职业院校干部应该熟悉多元学习渠道,提高信息搜索能力。

第三,掌握生活工作中的各种学习机会。积极主动地寻找身边的学习机会,充实精神和大脑。

第四,要有迅速获取信息的能力,也要培养自己整理和批判信息内容的习惯。现代社会信息量巨大,必定会存在信息质量良莠不齐的情况。这时就需要我们炼成"火眼金睛",然后取其精华弃其糟粕,真正做到获取的信息能够为我所用。

第五，让学习动机和学习成就循环作用相互反馈，不断促进我们学习。

学习永远没有极限，学习什么时候开始都不晚。习近平总书记在党的十九大报告中指出："要增强学习本领，在全党营造善于学习、勇于实践的浓厚氛围，建设马克思主义学习型政党，推动建设学习大国。"只有加强学习，才能与新时代同行，坚定信仰，积蓄力量，为实现新时代中国共产党的历史使命不懈奋斗。

5.2 选拔制度

5.2.1 坚持职业院校干部选拔任用原则

所谓原则，《辞海》的解释是"观察问题、处理问题的准绳"。《现代汉语词典》的解释为"说话或行事所依据的法则和标准"。我们认为，原则即指人们在处理某类问题或进行某项工作时从总体上必须遵循的基本法则。职业院校干部选拔任用的原则即指职业院校在干部的选拔、任用等工作中必须遵循的基本准则。2019年3月，中共中央印发了修订后的《党政领导干部选拔任用工作条例》（以下简称《条例》），并发出通知，要求各地区各部门结合实际认真遵照执行。《条例》第2条明确规定，选拔任用党政领导干部，必须坚持六项原则：党管干部；德才兼备、以德为先，五湖四海、任人唯贤；事业为上、人岗相适、人事相宜；公道正派、注重实绩、群众公认；民主集中制；依法依规办事。这些原则是职业院校干部队伍建设的依据，是党的路线、方针、政策在干部队伍建设工作中的集中体现，是党长期以来特别是改革开放以来干部工作实践的科学总结，是新形势下对干部工作规律性的认识。职业院校干部的选拔使用任何时候、任何情况下都必须做到坚持以下原则不动摇。

5.2.1.1 党管干部、民主集中的原则

党要管党关键是要管好干部，一个执政党，如果不直接管理选人用人，党的事业就失去了保证，党的领导就会成为一句空话。党管干部的原则是巩固党的执政地位的一个重要保证，是党和国家干部管理制度的根本原则，是

实现党的政治领导和思想领导的组织保证。职业院校坚持党管干部原则，其实质就是保证党对职业院校干部工作的领导权和对干部的管理权，包括制定干部工作的方针政策，管理和推荐重要干部，做好干部工作的宏观管理和检查监督等。只有坚持党管干部的原则，才能将奋发有为的优秀人才选拔到职业院校的各级领导岗位上来，为职业院校的改革发展提供强有力的组织保证。由于党在不同历史时期的形势、任务不同，党管干部的具体要求也有所不同，因此，坚持党管干部原则必须与改进干部管理方法结合起来，与坚持群众路线统一起来。党管干部的原则必须坚持，不能动摇；但管的方法应该创新，应从过去包揽各项事务转到管原则、管标准、管程序、管调控方面来，从过去的直接和微观为主，转到以间接和宏观管理为主方面来。主要是紧紧抓住工作中要害环节的决定权，重大事项的决策权，争议问题的仲裁权，工作过程的监管权。确保把人看准看真，最根本最可靠的办法是充分发扬民主，走群众路线，落实群众对干部选拔任用的知情权、参与权、选择权和监督权。

民主集中制是我们党和国家的领导制度和根本组织原则。职业院校干部选拔任用坚持民主集中制原则，其实质在于选人用人时，既要讲民主也要讲集中。民主是集中指导下的民主，集中是民主基础上的集中，只有二者有机结合，才能克服选人用人中的软弱涣散的无政府主义以及独裁专制的官僚主义。民主集中制原则与党管干部的原则是一致的。党管干部，不是领导干部个人或少数人说了算，而是要按民主集中制来管。坚持民主集中制的原则必须防止和反对两种倾向：一种是少数人说了算，另一种是搞无政府主义。职业院校干部队伍建设要认真贯彻民主集中制原则，充分发扬党内民主，拓宽民主渠道，加大对用人权特别是"一把手"用人权的监督力度，完善党委讨论干部任免的集体决策制度，使党委的选人用人的权力严格约束在《党政领导干部选拔任用工作条例》规定的范围内运行，真正做到推举过程中充分反映群众民意，考察过程中准确客观评价干部，任免过程中体现集体领导，有效地防止和纠正用人上的不正之风和各种腐败现象。

5.2.1.2 任人唯贤、德才兼备的原则

任人唯贤、德才兼备的原则是党的干部路线、干部政策的集中体现和核心内容，也是党的选人用人标准的高度概括。党中央颁布的《党政领导干部

选拔任用工作条例》规定了党政领导干部应当具备的基本条件和任职资格，为干部的德才标准赋予了时代内涵。所谓"贤"，德才兼备谓之"贤"，任人唯贤就是把德才兼备的优秀人才选拔到干部队伍中来。职业院校知识分子云集，整体文化素质高，专业性强，正确处理德与才的关系，坚持德才兼备的原则建设好干部队伍尤为重要。德和才是一个整体，是一个人的素质的两个方面，既互相区别又互相联系。常言道：有德无才误大事，有才无德坏大事，唯有德才兼备才能成大事。德为才之帅，才离开了德就会失去灵魂，失去方向，选拔任用干部必须把德放在首位。以德为先，要防止选拔任用干部时片面强调高学历、高职称、能力强而忽视或降低政治思想和道德修养的标准，把一些政治不强、作风不纯的人选拔到领导岗位上来，这对党的事业是有百害而无一利的。才为德之资，离开才，德也失去了保证和支撑，成为空头政治。在科学技术飞速发展，知识经济初见端倪的今天，一个不懂现代科学技术，不懂教育管理，缺乏为现代教育事业服务本领的人难以胜任职业院校的管理工作。坚持任人唯贤、德才兼备的原则最重要的是做到公正、客观地评价干部的德与才，把思想政治素质好、业务精湛、公道正派、有开拓创新精神的人充实到职业院校干部队伍中来，严把职业院校干部入口关。

5.2.1.3 公开平等、竞争择优的原则

公开平等、竞争择优的原则是西方文官制度的一个显著特点，也是社会主义市场经济条件下对职业院校干部队伍建设提出的必然要求，它有利于开阔选人视野，全方位、多角度、多途径地考察选拔干部，最大限度地减少用人选人上的失误。职业院校人才济济，有良好的人文环境，用好贯彻好这一原则，对优化职业院校干部队伍结构、提高干部队伍素质具有很大的促进作用。坚持这一原则，一是要进一步拓宽选人用人的视野和渠道，激发职业院校知识分子参政议政的积极性。中共中央颁布的《党政领导干部选拔任用工作条例》把竞争上岗和公开选拔作为选任干部的一个重要方式，以党内法规的形式固定下来，进一步拓宽了选人用人视野，有利于促进领导人才资源的合理配置，为优秀人才的脱颖而出开辟了一条新的途径。二是要进一步疏通干部能上能下渠道。长期以来干部"上"容易，而"下"的渠道不通畅，一直是干部工作的一个"瓶颈"。干部人事制度的缺陷尽管表现形式不同，但根本问题是缺乏优胜劣汰、能上能下的竞争机制。由此使一些干部滋生了得

过且过、不思进取、熬年头混日子的思想，助长了选人用人的不正之风。《党政领导干部选拔任用工作条例》在疏通"出口"问题上作了一些新规定，要求实行干部免职制度、辞职制度、降职制度、聘任制度、试用期制度等。职业院校应加强这些制度的宣传、细化和实施，对不适合领导岗位的及时转岗，对不合格的实行降职或辞职，形成各施其才，各尽其用，平者让、庸者下、优者上的局面，使职业院校干部队伍建设真正体现公开平等、竞争择优的原则。

5.2.1.4 群众公认、注重实绩的原则

群众公认、注重实绩的原则是党的群众路线和党的宗旨在干部工作中的体现和运用，是选拔、考核、评价干部的重要原则。干部的德才素质怎么样，不能少数人说了算，应到实践中去考核、检验，一要看是否得到群众的公认，二要看是否做出工作成绩。任用的干部行不行，得让群众评一评，任用的干部准不准，得让群众审一审。要充分了解民意，了解干部工作的实绩，最根本的途径是充分发扬民主，在干部的推荐、考察、考核、监督中扩大民主，做好宣传工作，调动广大群众参与的积极性，认真落实群众的知情权、参与权、选择权和监督权，把真正为民服务、群众拥戴、脚踏实地、真抓实干的人选拔出来。坚持群众公认、注重实绩的原则，有利于克服工作唯上不唯下，只对上级负责不对群众负责的思想，有利于克服工作中的形式主义、官僚主义习气，让干部真正地体会到自己手中的权力是谁给的，用来为谁服务的，真正地树立公仆意识，增强责任意识，做到立党为公，执政为民，这对新时期密切党同人民群众的关系，增强党在职业院校师生中的凝聚力、巩固党的执政地位具有重要的现实意义。

5.2.1.5 依法合规、按章办事的原则

依法合规、按章办事的原则是依法治国方略在职业院校干部队伍建设中的具体体现。文明的社会一定是法治的社会，党是社会主义现代化建设的领导核心，党领导人民制定法律，又领导人民实施法律，党自己也必须在法律的范围内活动，这是防止党内腐败，巩固党的执政地位的基本要求。在党内的法规体系中，《党政领导干部选拔任用工作条例》处于非常重要的地位。新时代职业院校干部队伍建设坚持依法办事的原则，最重要的就是要严格按

照《党政领导干部选拔任用工作条例》的规定办事，严格干部选拔任用工作中的推荐、提名、考察、酝酿、公示、讨论决定等程序和有关规定，严明政治、组织、工作纪律，增强政治观念、组织观念、法治观念，切实做到坚持原则不动摇，执行标准不走样，履行程序不变通，遵守纪律不放松，推动职业院校干部队伍建设工作的民主化、科学化、制度化。

职业院校干部队伍建设应遵循的以上五条原则是一个有机联系、不可分割的整体，必须全面理解、正确把握、严格执行。职业院校的领导干部要带头学好、用好、维护好原则，不说违反原则的话，不做违反原则的事，不搞无原则的迁就、照顾，在原则的问题上，一定要旗帜鲜明，毫不含糊；自觉抵制来自各方面的不正之风的干扰，善于运用原则，分析研究干部队伍建设中出现的新情况、新问题，不断总结新经验，推动职业院校干部队伍建设迈上新的台阶。

5.2.2 完善职业院校干部选拔任用制度

干部的选拔任用是保证干部队伍质量的关键。

5.2.2.1 民主推荐和组织考察制度

民主推荐是指党组织及组织部门根据配备领导班子和选拔干部的需要，按照规定的范围、程序和要求，组织有关方面人员参加的推荐领导干部人选的方法和活动。它是党的群众路线在干部工作中的创造性运用，是落实群众对干部选拔任用的知情权、参与权、选择权、监督权的重要方式。民主推荐是干部选拔任用的第一道关口，坚持把民主推荐作为选拔任用干部的必经程序和基础环节，对于扩大民主，真正体现公开、公平、公正，拓宽选人视野，准确识别干部，提高选人质量，从源头上防止和克服用人上的不正之风，具有重要意义。民主推荐的质量和效果直接影响着人民群众对民主政治的评价和认识，影响着组织部门和领导班子、领导干部的社会形象。

(1) 民主推荐的方式和程序　《党政领导干部选拔任用工作条例》规定，民主推荐有会议推荐和谈话调研推荐两种方式。会议推荐方式参与面广、保密性强，便于推荐者自主表达真实意愿，但也不排除有的人不是出于公心而是带着个人成见或站在个人利益的角度投票。谈话调研推荐方式能直接了解推荐者的意向和对被推荐人选的看法和评价，信息量更充分，但存在有的推荐者往往有各种顾虑，不讲真话、实话的现象。通常情况下，两种方式应同时采用，相互补充，相互印证，综合分析，避免简单地以票定人。会议推荐和谈话调研推荐又可分为定向推荐和非定向推荐。定向推荐是指民主推荐时，公布领导班子和领导干部的职位以及任职的基本条件，引导推荐者按照职位要求进行推荐。采取定向推荐方式，明确了拟任职务，增强了推荐的针对性，有利于"以岗择人"，量德才以授职。非定向推荐是指只提出任职级别要求，但不明确具体的拟任职务的推荐。

职业院校选拔任用处科级干部，必须经过民主推荐提出考察对象。民主推荐结果在一年内有效。确定考察对象时，应当把民主推荐的结果作为重要依据之一，同时防止简单地以票取人。未经民主推荐的人选不得列为考察对象。

处级干部任期届满，重新聘任时，按照职位定向推荐。参加推荐的人员范围由校党委确定。尽可能扩大民主推荐的范围，增强选拔干部工作的透明度。民主推荐由校党委分管领导或委托组织部主持。

个别提拔处级干部时，按照拟任职位组织民主推荐，由提拔对象所在党总支或部门工作人员、相关部门人员参加推荐。民主推荐由组织部主持。

民主推荐应当经过下列程序。

a. 召开推荐会，公布推荐职位、任职条件、推荐范围，提出有关要求。

b. 填写推荐票，进行个别谈话。

c. 对不同职务层次人员的推荐票分别统计，综合分析。

d. 向党委汇报推荐情况。

e. 必需的情况下，向党总支或部门主要负责人反馈推荐情况。

提任院（系）科级干部，由院（系）分党委（党总支）按有关要求推荐；提任机关部门（单位）科级干部，由组织部会同部门（单位）在征求分管校领导和所在党总支意见的基础上推荐。

选拔任用处级干部，由书记办公会根据民主推荐情况，酝酿干部配备方案，拟提拔人选由党委研究确定考察对象。

个人向党组织推荐处科级干部人选，必须负责地写出推荐材料并署名。经组织部审核后，按照规定程序进行民主推荐。所推荐人选不是所在单位多数群众拥护的，不得列为考察对象。

个别特殊需要的处科级干部人选，可以由组织推荐提名，作为考察对象。

(2) 民主推荐中存在的问题　把民主推荐作为干部选拔任用的必经程序和基础环节，是近年来干部制度改革的重要成果。实践表明，实行民主推荐，有利于扩大干部工作中的民主，有利于选准用好干部，有利于克服用人上的不正之风。但是，由于多种因素的影响，实际操作中仍存在一些问题，影响了民主推荐的公正性和权威性，值得关注和研究。

一是参与范围问题。《党政领导干部选拔任用工作条例》规定了民主推荐党政领导干部的参与范围，职业院校可参照执行，但实际操作中民主推荐往往被限定在某些部门或单位，有资格参与竞争的人员较少。由于受许多资格条件的限制，看似经民主推荐提出了人选，实际上难以形成竞争态势，难以避免论资排辈的现象。这对于盘活人才资源、调动干部的积极性有一定影响。同时，由于有的干部自身也属于推荐对象，有的与推荐人选长期共事或有一定交往，其选择意向易受个人利益、感情或各种关系的影响。

二是盲目推荐问题。推荐前严格保密，临时召开会议匆忙组织推荐，提供的材料除符合任职资格条件的干部的名册外，没有其他材料可供参考。由于时间仓促，思想准备不足，有时推荐环境也不够宽松，投票往往带有一定随机性，难以体现推荐人的理性选择。有的推荐人简单地认为学过某专业或有过某方面工作经历就能胜任某方面的领导工作，片面地认为能做好下一级领导工作也就能做好上一级领导工作，对拟选职位要求缺乏应有的关注。组织部门提出的条件也多是一些资历性的硬性规定，推荐时只有拟选职位介绍和填写推荐表两项内容，被推荐人与推荐人之间缺乏必要的沟通与互动。

三是程序空转问题。目前对拟选职位资格条件的提出缺乏明确规定，按主观意愿随意"画框子"的问题较为突出。有的为贯彻主要领导的意图，刻意按其推荐人选的条件划定范围，往往框子里只有极少数人，民主推荐仅仅是为了走程序。少数领导干部不愿严格按制度规定办事，拉帮结派，培植亲信；个别人经不住诱惑，受贿卖官，表面看似严格履行了程序，实质上仍是少数人或个别人说了算。现有制度对推荐人的行为缺乏硬性要求，推荐人无须对自身推荐行为及结果承担责任，少数人责任心不强，采取无所谓的态度应付了事，使程序变成没有约束力的形式。

四是推荐规则问题。对群众公认原则理解不全面,对群众缺乏严格细分,基层群众特别是服务对象参与较少。同时,对德才兼备、注重实绩、竞争择优等相关原则在程序设计上体现不够,民主推荐被简化为单纯投票,民主推荐变为民主选举。因目前尚未全面实行差额考察,考察标准体系也不够健全,干部考察主要看有无问题。讨论决策难以依据推荐和考察情况而充分展开,实质上变为对民主推荐结果的被动确认。

五是工作导向问题。民主推荐无疑是以票数为基础。前提是相信投票人的公正性,但实践中往往忽视了投票人生活在现实之中,对可能影响投票意向的因素缺乏深入分析。引导和规范不够,导致工作导向出现偏差。

(3) 解决民主推荐中存在问题的对策

第一,要注意处理好民主推荐工作中的几个关系。

一是坚持原则与规范程序的关系。目前在民主推荐中,既要求尊重群众的民主权利,依靠群众选人用人,又在操作中强调保密。虽说为防止"拉票"等不正之风的干扰,这样做有其合理性的一面,但既然要求群众慎重行使民主权利,就要为其理性思考创造条件,不能一"投"了之。同时,既要尊重民主推荐结果,又要防止简单地以票取人,从原则上来说,这是正确的,但由于缺乏相应的配套措施,一些职业院校在对待民主推荐结果时出现了"双重标准"的问题,既增加了领导决策的难度,也易使少数人产生误解,影响了民主推荐的权威性和公正性。因此,要把工作原则的科学性与实施细则的严密性统一起来,对工作中出现的新情况新问题,通过系统严密的程序设计来解决,不能以简单的方式任意处理,不能以原则代替操作规则,更不能为解决个别问题而损害整个制度的公正性和权威性。

二是坚持群众路线与实现组织意图的关系。长期以来,我们强调防止少数人和个别人说了算,但往往忽视了抓班子、带队伍是一把手的主要职责,虽说干部生活在群众之中,群众对干部的优劣最有发言权,但强调群众选择权不能排斥一把手用人权。事实上,两者的根本目标和利益是一致的,不解决包括一把手用人权在内的组织意图落实问题,群众公认也难以落实到位。因此,必须防止从一个极端走向另一个极端,注意把群众公认和领导信任统一起来,做到既坚定地相信和依靠群众,又认真落实组织意图;既不以集中代替民主,使集中异化为独断专行,让一些素质不高的人钻空子,也不以民主代替集中，使集中流于形式，形成谁都有责任又都难以负责的被动局面。

三是发扬民主与竞争择优的关系。注重干部选拔任用的组织属性，要求干部服从组织安排，接受组织挑选。虽然这种做法是正确的，但也应根据形势发展而赋予其新的内涵及形式。对一名干部来说，只要具备拟任人选的条件，就有成为拟任人选的机会，因此，不应仅仅被动接受组织挑选，也要主动参与竞争。民主推荐应体现竞争择优的原则要求，善于将隐性竞争公开化、规范化，变"伯乐相马"为"赛场选马"，既为干部群众行使民主权利创造条件，也为组织决策提供基础。

四是选拔任用与教育管理的关系。干部工作是一项复杂的社会系统工程，干部的教育培养、选拔任用、管理监督作为其中重要的组成部分，是相互影响、相互制约的。传统的思维逻辑是从选到管，工作重点是千方百计把人选准用好，不同程度地存在着重选拔任用轻管理监督的现象。然而，事实上，干部管理才是干部工作的重点和基础。目前选人难以选准选好，从某种角度看，不是干部选拔工作的问题，而是由于干部管理不够规范，干部优劣难以比较鉴别，干部选拔任用失去了重要的基础。因此，民主推荐要改变以选拔为核心的传统思维方式，不仅要立足于选好人用好人，也要从教育管理的角度来思考问题，通过科学严密的管理，树立正确的用人导向，为规范和改进干部教育、管理和监督创造条件。

第二，引入竞争机制，改进民主推荐方法。

一是实行差额推荐，解决情感因素的干扰问题。实行差额推荐可以拓宽识人选人用人的视野，实现好中选优、优中选强，从而提高选人用人的质量。

二是实行干部报名并提交任职说明书制度。凡符合拟任条件主动报名的，必须提交任职说明书。说明书内容包括个人政绩、对拟选职位的认识及任职承诺。任职说明书集中体现了干部的政策水平、专业素质、实践经验、创新意识，是组织决策和群众比较鉴别的重要参考。同时，不同时期的任职说明书能历史而全面地展示干部成长历程，有利于改变目前档案管理偏重于个人履历等弊端，推进干部工作的规范化。

三是实行报名人选公开述职制度。报名人选要就任职说明书相关内容回答参会人员的提问，也可让报名人选在会上以公开辩论方式进行交流。

四是注重权重分析，保证不同层次人员了解情况的差异性得到客观体现。

第三，充分发扬民主，提高推荐工作的公开性和透明度。

要实行民主推荐预告制度。推荐前由党委组织部门在一定范围内发出公告，包括推荐时间、地点、拟任人选资格条件、联系电话等，预告与实施推荐的间隔时间应不少于一周。要实行民主推荐公示制度。对民主推荐各环节的工作情况，特别是报名人选及其政绩、任职承诺在一定范围内进行公示。坚持"述推结合"，克服盲目推荐的问题；采取署名推荐，解决随意推荐的问题。

第四，规范操作程序，促进推荐工作的科学化和规范化。

坚持知情者参与原则，注意吸收各层次代表参与推荐，特别是要扩大拟选职位服务对象代表参加面，以提高民主推荐的广泛性与代表性。实行报名人选述职测评制度。根据报名人选公开述职及回答有关人员提问等情况，由推荐人同时填写"民主推荐意见表""政绩测评表"和"任职承诺评价表"。实行任职承诺专家论证制度。要从政策水平、专业素质、实践运用等方面对报名人选任职承诺进行论证，并书面提出论证意见及优选建议。对重要职位人选的政绩及任职承诺，也可同时以社会调查方式听取意见。

第五，端正用人导向，加强推荐结果的综合分析及运用。

综合分析民主推荐情况、实绩测评以及任职承诺的民主评议和专家论证的情况，从民意、实绩、专业素质等方面综合评价干部，以提高确定考察人选的质量与水平。把民主推荐、实绩测评、任职承诺测评及专家论证、考察对象人选确定等情况在一定范围内进行反馈，以树立正确的用人导向，使干部从各种潜规则和关系学的桎梏中解脱出来，真正把他们的精力、活力和创造力引导到提高自我、关注现实、扎实工作上来，促使他们牢固树立正确的政绩观，坚持一切从实际出发，把对上负责与对下负责有机结合起来，不断提高科学执政、民主执政、依法执政的能力。

(4) 组织考察的内容和程序　组织考察是干部选拔任用工作的关键环节。主要指职业院校党委组织部门根据干部管理权限，按照规定的程序和办法，对党委研究确定的考察对象进行全面了解和公正评价，为干部的选拔、任用、升降等提供依据的一项重要工作。《党政领导干部选拔任用工作条例》

对组织考察的内容、程序、方法、责任以及考察人选组成等，提出了明确而具体的要求。

《党政领导干部选拔任用工作条例》规定：考察党政领导干部拟任人选，必须依据干部选拔任用条件和不同领导职务的职责要求，全面考察其德、能、勤、绩、廉，注重考察工作实绩。考察干部的"德"，主要看干部的政治、思想、作风、纪律和道德品质等方面的素质，尤其要注重通过对干部的思想作风、学风、工作作风、领导作风和生活作风的考察，了解和把握干部的思想政治素质。考察干部的"能"，主要看干部的政策理论水平、综合决策能力、组织协调能力、文化专业水平以及是否具备胜任拟任职务的能力。考察干部的"勤"，主要看干部是否具有强烈的事业心和责任感，工作是否勤勤恳恳、兢兢业业、任劳任怨，充分发挥工作积极性；是否具有坚强的毅力，积极进取，百折不挠；是否善于开动脑筋，解放思想，实事求是，与时俱进，求真务实，开创工作新局面；是否善于深入基层，调查研究，尊重群众的首创精神；等等。考察干部的"绩"，主要看干部是否具有科学的发展观和正确的政绩观，看其在完成目标任务和履行岗位职责过程中，通过所提出的工作思路、采取的措施、发挥的具体作用而取得的绩效，包括完成工作的数量、质量、效率及其价值和影响。考察干部的"廉"，主要看干部是否严格遵守领导干部廉洁从政和廉洁自律有关规定，有无利用职权和职务上的影响谋取不正当利益的行为；能否严格遵守财务管理和使用的规定，有无假公济私、化公为私行为；能否对亲属和身边工作人员加强教育，严格要求，有无利用职权和职务上的影响，为亲属和身边工作人员谋取利益的行为；能否艰苦奋斗，勤俭节约，有无讲排场、比阔气、挥霍公款、铺张浪费的行为；等等。

在干部考察任用中，要注意防止任用"四种人"。

一是有"人缘"无原则的人。这种人处世圆滑，表里不一，八面玲珑，好人主义思想严重，在工作上不讲原则，说不该说的话，办不该办的事，搞你好我好大家好，只图拉关系，谁也不得罪，赢得了部分群众的"信赖"。但由于这种人办事不讲原则、不讲党性，很容易影响党的事业的发展和进步。

二是有能力不廉洁的人。这种人头脑灵活，思维敏捷，办事果断，敢于创新，具有较强的工作能力，但好大喜功，自以为是，特别是在廉洁自律上不能严格要求自己，耐不住清贫，经不住考验，抵不住诱惑，守不住名节，追求奢靡的生活，吃拿卡要，甚至贪污受贿，腐化堕落。

三是廉洁不作为的人。这种人遵纪守法，廉洁自律，公私分明，不贪不占，但思想保守，墨守成规，不谋发展，不思进取，对从事的工作不知情、不熟悉，对存在的问题不调查、不研究、不解决，在其位不谋其事，出工不出力，廉洁不勤政，当一天和尚撞一天钟。

四是勤政无效率的人。这种人工作任劳任怨、勤勤恳恳，不求名利，埋头苦干，但胸无大局，工作目标不明，思路不清，措施不力，怕担风险和责任，遇到困难就躲，发现问题就藏。由于能力平庸，这种人看似整天忙忙碌碌，实则工作毫无起色。

这四种人都有一定的长处和优点，在选拔任用时容易被人看好，但是，如果这四种人被提拔任用，将会贻误党和国家的事业。

组织考察必须按照以下程序进行。

a. 组织考察组，制定考察工作方案。考察组组成以组织部人员为主，可吸收纪检、监察、人事等部门干部参加。考察工作方案一般包括考察目的、考察任务、考察内容、考察方法、考察步骤、有关要求等。

b. 同考察对象所在单位党组织（分党委或党总支）主要负责人就考察工作方案沟通情况，征求意见。

c. 根据考察对象的不同情况，通过适当方式在一定范围内发布干部考察预告。

d. 采取个别谈话、发放征求意见表、民主测评、实地走访、查阅干部人事档案和工作资料、专项调查、同考察对象面谈等方法，广泛深入地了解情况。做好原始记录，考察人员要在记录上签名。

e. 综合分析考察情况，同考察对象所在单位党组织（分党委或党总支）主要负责人交换意见。综合考察材料形成后，考察小组所有人员都要签名，以示负责，并归档备查，确保考察的客观、真实。

f. 考察组根据考察情况，研究提出干部任用或调整的建议方案，向派出考察组的组织部门汇报，经组织部门集体研究提出任用建议方案，向校党委报告。

5.2.2.2 讨论决定和任前公示制度

(1) 讨论决定制度　讨论决定是选拔任用干部的重要环节，在整个干部选拔任用工作中起着决定性作用。

职业院校处、科级干部拟任人选，在考察、讨论决定或者决定呈报前，应当充分酝酿。处级干部以及机关部门的科级干部拟任人选，应当征求校分管领导的意见；调任的科级干部拟任人选，应当征求用人单位和原单位领导的意见。非中共党员拟任人选，应当征求统战部门的意见。对于工会、团委等群团组织负责人的任免，应征求上级教育工会、团委的意见。

选拔任用处级干部和机关部门的科级干部，由校党委集体讨论做出决定。院系选拔任用科级干部，应在学校规定的科级干部职数内，根据干部选拔任用有关规定自行考察，报经党委组织部研究，由组织部报告校党委后发文聘（委）任。

党委讨论决定干部任免事项，必须有三分之二以上的成员到会，并保证与会成员有足够的时间听取情况介绍，充分发表意见。与会成员对任免事项，应当发表同意、不同意或者缓议等明确意见。在充分讨论的基础上，采取口头表决、举手表决或者无记名投票等方式进行表决。对于意见分歧较大或者有重大问题不清楚的，应当暂缓表决。对影响做出决定的问题，会后应当及时查清，避免久拖不决。

党委有关干部任免的决定，需要复议的，应当经党委超过半数成员同意后方可进行。

严格执行讨论决定程序，坚持四种情况不上会：没有经过民主推荐的不上会；没有经过考察的不上会；没有充分酝酿讨论的不上会；临时动议的不上会。此外，不能用书记例会代替党委会决定干部的任免。

党委讨论决定干部任免事项，应当按照下列程序进行。

a. 组织部负责人逐个介绍处、科级干部拟任人选的提名、推荐、考察和任免理由等情况。

b. 参加会议人员进行讨论。

c. 进行表决，以党委应到会成员超过半数同意形成决定。

需要报上级主管部门审批和备案的，应及时呈报有关材料。

(2) 任前公示制度　任前公示是指党委将集体讨论决定的拟提拔担任一

定领导职务的干部人选,在党委讨论决定后、下发任职通知前,通过一定的方式,在一定的范围和期限内进行公布,广泛听取群众的反映和意见。

  a. 任职前公示制的意义及操作方法 实行干部任职前公示制,是干部选拔任用工作中的一项制度创新,体现了干部工作扩大民主的方向。干部选得准不准,先让群众审一审。

  实行干部任职前公示制度,是坚持党管干部原则与充分发扬民主、走群众路线的有机结合,是在干部选拔任用工作中扩大民主、加强监督的具体体现,是依靠群众严格把好选人用人关的有效手段,也是检验干部是否得到群众公认的重要方式。它符合把监督贯穿于干部工作全过程的要求,拓宽了群众参与干部工作的渠道;它在干部正式任命之前让群众来把关,体现了干部监督工作关口前移、事前防范的精神,更能全面地了解干部的真实情况,更能反映干部群众的意愿;它能在较短的时间内,充分发动社会各方面的参与,获取多角度的真实情况,起到事半功倍的效果;它将干部选拔任用工作直接置于广大群众的监督之下,不仅有助于遏制选人用人上的不正之风和腐败现象,而且有利于形成正确的用人导向,促进干部思想作风的转变,增强干部的公仆观念和自律意识。干部任职前公示制度为干部考察工作的延伸和补充,在一定程度上也对干部选拔任用工作提出了更高的要求,使各级党组织得以更加全面、准确地了解干部,减少用人的失察失误,提高选人用人质量。

  公示内容一般包括公示对象的姓名、性别、出生年月、籍贯、学历学位、政治面貌、现任职务等自然情况和工作简历。对拟任职务是否公示,可根据实际情况而定。公示方式一般通过报纸、电视、广播、网络等新闻媒体发布公告,或采取发公示通知、会议发布和张榜公告等形式进行。公示时间一般为7至15天,确定公示时间既要有利于群众反映意见,又要有利于提高工作效率。公示结果不影响任职的,按有关规定办理任职手续。

  b. 群众反映意见的调查和处理 对群众反映问题的调查、处理,是实行任职前公示制度的关键环节。公示期间,组织部门设立专门电话和信箱,指定专人负责接待群众来访。对群众反映的意见要登记建档。组织上已经掌握的问题,不再重复调查;没有掌握的,要分类处理。一般要求署名或当面反映问题,逐件进行调查核实。对匿名反映的问题,要做分析,性质严重、内容具体、线索清楚的，也要调查核实。对经调查核实，确认反映的问题与事实出入较大或并不存在的，反馈时要耐心细致地向有关人员讲清调查过程和结果。

调查核实工作要深入细致，讲究方法。具体调查核实工作，由组织部门负责。对于群众举报涉嫌违纪违法的重大问题，可由组织部门会同纪检、监察部门共同进行调查。要注意调查核实的方式，在保证查清问题的前提下，尽量控制范围，做好保密工作。既要注意保护反映情况的群众，防止出现打击报复现象；又要注意保护干部，防止在做出正式调查结论前由于问题扩散而对干部造成不良影响。要反对诬告和无理纠缠，对故意诬告陷害公示对象的，应视情节轻重，对有关责任人严肃处理。

对调查核实结果的处理，主要分四种情况。

① 所反映问题不存在的，予以任用。

② 属于一般性缺点、不足，不影响提拔任用的，按预定的方案任用，并在任用谈话时向干部指出存在的问题，督促改正。

③ 对政治立场、思想品质、廉洁自律等方面存在严重问题的，经党委复议后不予任用，对违纪违法的，移交纪检监察机关或司法机关按照有关规定处理。

④ 反映问题的性质比较严重，一时难以查实但又不能轻易否决的，暂缓任用。暂缓任用的时间一般不应超过3个月。3个月内仍未查实的，由公示对象本人作出书面说明，经党委研究认为不影响任职的，可履行任职手续。此后，如发现干部有影响任职问题的，解除现职并依照有关规定从严处理。也可结合实行领导任职试用期制度，在试用期内作出进一步的考察。

对调查核实结果的处理，要坚持实事求是、客观公正的原则。对那些基础素质好、有发展潜力的干部，敢抓敢管、勇于开拓创新的干部，要看本质和主流，不能因为工作中有缺点和不足而影响对他们的任用；对那些思想政治素质差，特别是以权谋私、为政不廉的人，坚决不予任用；对跑官要官、买官卖官的，一经发现，坚决查处。

5.2.2.3 任职试用期制度

任职试用期制度，是指对提拔担任领导职务的委任制干部实行一定时间的试用期。干部在试用期间，履行所任职务的职责，享受相应的待遇。试用期满，经考核胜任者正式任职，不胜任者免去试任职务。

(1) 实行干部任职试用期制度的重要意义　《2010-2020年深化干部人事制度改革规划纲要》提出了完善任前公示和任职试用期制度的要求。2019年3月，中共中央印发了修订后的《党政领导干部选拔任用工作条例》。该条例规定：实行党政领导干部任职试用期制度。把干部任职试用期制度，作为干部选拔任用的一项基本制度明确下来，对完善干部任职程序、健全干部任用制度具有重要意义。

一是有利于全面考察识别干部。实行干部任职试用期制度，可以弥补干部任前考察的不足，在试用期间的工作实践中，更全面、更客观地了解新提拔干部的政治思想、道德品质、业务水平和工作能力等方面的情况，实际上是延长了考察期，拓展了考察面，在常规的干部考察工作中增添了实践考察的环节，进一步增强了干部考察工作的准确性。

二是有利于促进干部能上能下。干部能上不能下，长期以来一直是干部工作的难点问题。实行领导干部任职试用期制度，让干部在一定的期限内任职试用，对在试用期间或试用期满考核不胜任的，可以按照有关规定，把干部在任职初期及时调整下来。

三是有利于调动干部工作积极性。干部任职试用期，就组织而言是对干部的一个观察期，对干部本人来讲是一个接受考察和履行职责的锻炼期，如果干不好就要被免除试用职务。这就促使干部始终保持高度的责任感和上进心，不断激发工作热情，把个人潜能最大限度地挖掘出来，为党和人民的事业、为学校的建设和发展作出更大的贡献。

(2) 试用期间干部的教育和管理　领导干部在任职试用期间，党组织要加强对他们的教育和管理。对试用干部，要明确试用期间的工作任务、责任及应达到的主要岗位目标要求。要通过多种途径，采取多种方式，对干部进行锻炼和考验，尤其要有意识地安排他们承担一定的急难险重任务和专项工作，独立处理复杂事件和棘手矛盾，为以后做好领导工作积累经验。组织部门对试用干部应加强日常管理和跟踪考核，试用期间工作出现重大失误或犯有严重错误不宜继续试用的领导干部，按照干部管理权限审批后，提前结束试用期，并按有关规定予以处理。

(3) 干部试用期满的考核　干部试用期满后，组织部门对其在试用期间的德、能、勤、绩、廉等情况进行全面考察，提出正式任用或免除试用职务的意见。经考核胜任现职的，由组织部门办理正式任职手续，试用期计入任职时间。经考核不胜任现职的，按照干部管理权限审批或备案后，免去试任职务，一般按试任前职级安排工作。

提拔担任非选举产生的处级职务，试用期为一年。试用期满，经考核胜任现职的，正式任职；不胜任现职的，免去试任职务，一般按试任前职级安排工作。

处、科级干部的任职时间，按下列时间计算。

a. 经党委决定任职的，自决定之日起计算。

b. 报由上级有关部门审批的，自批复之日起计算。

c. 经有关会议选举产生的，自当选之日起计算。

5.2.2.4 聘任制和任期制

2017年1月，中共中央组织部、教育部印发了《高等学校领导人员管理暂行办法》，要求高等学校领导人员管理，必须坚持党管干部、党管人才，坚持德才兼备、以德为先，坚持依法依规办事，坚持从严管理监督与激励关怀相结合，遵循教育规律，公道公平公正地对待、评价和使用领导人员，充分调动积极性、主动性、创造性，不断促进高等学校办出特色争创一流。

目前，对不同类型的学校和不同领导职务，分别实行聘任、选任、委任、考任等多种任用形式。如党总支（直属党支部）、工会、团委的负责人，根据各自的章程实行选举任期制，因工作需要，党委可以直接任免；党委职能部门负责人，实行委任制，由党委任免；行政职能部门、院（系）和直属单位负责人，由学校（校长）聘任；科级干部由党委组织部任免。随着形势的发展和改革的深入，实行聘任制和任期制已成必然趋势。

(1) 实行聘任制是职业院校干部任用方式改革的重要举措　聘任制是指用人单位依据工作需要和职位要求，采取签订聘任合同、发放聘书的办法，聘用一些人员在规定的期限内担任某些领导职务的制度。

《高等学校领导人员管理暂行办法》第十三条规定：任用高等学校领导人员，区别不同情况实行选任制、委任制、聘任制。对行政领导人员，逐步加大聘任制推行力度。实行聘任制的，以聘任通知、聘任书、聘任合同等形式确定聘任关系，所聘职务及相关待遇在聘期内有效。职业院校作为事业单位，实行聘任制，是用人制度的一项重要改革，对于实施科教兴国战略和人才强国战略，调动职业院校人员的积极性和创造性，促进经济社会发展具有重要作用。实行聘任制，既打破了干部职务终身制，也打破了人才单位、部门所有的"禁锢"局面，使组织和干部可以充分进行双向选择，为广大职业院校干部施展才干提供了新的舞台。它有利于激励干部特别是聘任干部积极进取，奋发向上，勤奋工作；有利于进一步打破部分人的"官本位"思想，推动形成干部能上能下、能进能出、能官能民的良好风气。实行聘任制，引入了优胜劣汰的竞争机制，比较容易地使不称职的干部从领导岗位上下来，从而减少干部职务调整工作中的矛盾和摩擦。

职业院校干部聘任制的主要特点有以下几点。

a. 平等协商　在聘任关系确定过程中，单位与应聘干部的地位是平等的，聘任合同的内容由双方平等协商达成一致意见。单位有按自己的意愿选择应聘干部的权力，应聘干部也有提出自己的要求和主张的权利。这种通过平等协商确定任用关系的机制，是其他任用制度所没有的。

b. 合同管理　聘任关系确定后，单位要与被聘任者按合同进行后续工作。被聘任干部应根据合同的约定履行职责，并享受相应的待遇。聘任合同是维系单位和被聘干部之间关系的基础。

c. 任期明确　聘任干部一般都有明确的聘期，聘任期满，任用关系自然解除，但双方也可以约定续聘。

职业院校聘任领导干部，由组织部门根据领导班子结构、工作需要和干部条件，按照一定的程序进行。当前主要有两种做法。

一是直接聘任，即直接由单位正职提名副职或下一级正职建议名单，报请校党委或者组织部门批准，发放聘书，签订聘任合同。这种方式一般用于在本单位、本部门内部聘任领导干部。

二是公开招聘，即通过公开报名、竞争录用等手续，聘任领导干部。这种形式比较灵活，适用面宽。

（2）实行任期制是形势发展和改革深入的必然要求　任期制是通过科学界定干部任职期限而促使其努力工作、规范权力运用的制度，这一制度发端于古希腊城邦民主制，广泛运用于现代民主制各国，是一种基本的干部管理形式。领导职务任期制，要求确定干部在领导职位的任职届（期）数和任职年限,任职期满后必须退出现岗位或免去现任领导职务。

干部职务终身制,是僵化社会主义模式的一个痼疾。改革开放后,邓小平同志着眼于国家的长治久安,提出废除干部职务终身制。然而,干部职务终身制并没有就此被废止。许多领导岗位虽然也有明确的任期,但实际执行不力。一些地方存在党政领导干部任职无期限、届满不卸任的不合理现象,严重影响和制约了干部的能上能下和工作积极性的发挥。职业院校也同样存在这种现象,一个干部只要不犯严重错误,只要在工作上或班子内没有突出的问题,就可以一直干到退休。尽管各职业院校也都实行了处、科级干部任期制,原则上3年或4年,但还不是真正意义上的任期制,而只是一种形式。正确认识任期制,其核心在于不能把任期制当作一个具体的孤立的干部制度,而应把它看成一个贯穿于干部管理始终的基本制度,它的贯彻实施对干部管理的规范化、制度化具有基础性意义。同时要从人类文明的高度来看待任期制,要看到这是人类有史以来干部管理所达到的一个新阶段。虽然我们现有的任期制工作只处于试点阶段,还存在这样那样的缺点和不足,但是任期制的实施是大势所趋。如果实行严格的干部到期离任制,干部只有通过努力工作,不断开创新局面,干出优异政绩,才能提拔或继任。否则,任职到期即便无过也要离任,这对干部就形成了无形的鞭策,可以激发干部队伍干事创业的积极性,可以有效地促进领导班子的思想作风建设。

教育主管部门和职业院校应根据实际情况,制定具体实施细则,明确不同职级干部的任期年限,以保证干部职务的更迭轮替制度化、有序化。同时,明确干部的任期目标并实行任期目标责任制,建立任期目标考核制度,加强对干部的监督管理。从关心和爱护干部出发,采取分流、改任非领导职务、退休等多种方式,妥善安置任职期满的干部。

5.2.2.5 公开选拔和竞争上岗制度

面向社会公开选拔领导干部和在学校内部实行竞争上岗,是改革开放以来各地各职业院校对干部选拔任用制度改革的重要探索,也是干部选拔任用的重要方式。根据中共中央《公开选拔党政领导干部工作暂行规定》和《党政机关竞争上岗工作暂行规定》的要求,职业院校公开选拔、竞争上岗主要适用于选拔校内党政机关单位和专业技术性强的职位的领导干部,以及其他适于公开选拔、竞争上岗的领导职务。公开选拔面向社会进行,竞争上岗一般在校内实施。

(1) 实行公开选拔和竞争上岗制度的重大意义　第一，实行公开选拔和竞争上岗制度，有利于扩大干部工作中的民主。只要符合资格条件，无论是组织推荐、领导个人推荐的，还是群众举荐、个人自荐的；无论是组织掌握的后备干部，还是原来未进入选人视野的干部，都可以参加竞争。按照相同的程序选择，用同一把尺子衡量，就像赛场上赛马，体育场上竞技，谁高谁低全凭实力。这种选择方式，为广大干部敞开了大门，提供了机会，体现了"由多数人来选人"。公开选择和竞争上岗摒弃了封闭式、神秘化的做法，使群众有知情权；凡是群众可以直接参与的，都尽可能地组织和动员群众参与，使群众有了参与权；坚持群众公认的原则，由群众民主推荐他们信得过的人选，使群众有了选择权；有关选拔干部的情况尽可能向群众公开，任职人选讨论决定后还要实行公示，使群众有了监督权。总之，公开选择和竞争上岗的全过程都体现了充分发扬民主的要求。

第二，实行公开选拔和竞争上岗制度，有利于发现和培养优秀年轻干部，促使优秀人才脱颖而出。打破了求全责备、论资排辈、平衡照顾的禁锢，为优秀年轻干部脱颖而出开辟了一条新的途径。各职业院校的实践也表明，通过公开选择和竞争上岗，不仅使一大批政治强、业务精、有能力、知识面广的优秀年轻干部走上各级领导岗位，大大提高了干部队伍的整体素质，而且也发现、考察、储备、培养了一大批优秀的后备干部。这两项改革措施，对加快选拔年轻干部的步伐、加强领导班子建设、优化干部队伍结构等起到了积极的作用。

第三，实行公开选拔和竞争上岗制度，有利于激励广大干部刻苦学习，努力工作。通过公开、公平的竞争，以干部的真才实学和工作实绩决定干部的升降去留，有利于在干部队伍中形成崇尚学习、讲求奉献、注重提高品德修养的好风气，激励广大干部自重、自省、自警、自励。凡是想有所作为和不被淘汰的干部，都会重新审视自己，努力把身心放在学习、工作和增长才干上，使公开选拔和竞争上岗这个临时性的"赛场"，向日常工作这个经常性的"赛场"延伸。平时不注意学习和思考的人，知识面窄，考试就得不了高分；政治素质、思想品德不好的人，组织考察就过不了关；跑官钻营、不干实事的人，群众就不会投他的票。一些群众说，公开选拔、竞争上岗破了

"熬官者"的梦,断了"跑官者"的路,封了"买官者"的门。

第四,实行公开选拔和竞争上岗制度,有利于促进干部能上能下、能进能出,创新用人机制。选准用好优秀人才,"上"和"下"的渠道都要畅通。尤其是"下"的渠道畅通,相形见绌的干部及时得到调整,能为优秀干部进入领导岗位提供条件。公开选拔和竞争上岗制度作为干部选拔任用的方式之一,有利于对干部进行识别、比较和评价,有利于形成优胜劣汰、更新交替的用人机制,为干部能上能下疏通了渠道。

(2) 不断完善公开选拔、竞争上岗制度和程序　公开选拔、竞争上岗工作在校党委领导下进行,由组织部门具体实施,程序包括以下几点。

a. 公布职位、任职资格条件、基本程序和方法等。

b. 报名与资格审查。

c. 统一考试(含笔试、面试),民主测评。

d. 组织考察,研究提出人选方案。

e. 党委讨论决定。

f. 办理任职手续。

随着形势的发展和实践的深入,公开选拔的观念也要与时俱进。在公开招考领导干部之初,往往注重考察干部对知识掌握的广度和深度。实践证明,这种考试导向有一定的局限性,既不能排除一些高分低能的干部顺利入围,也有可能将那些实际工作能力较强、具有独到见解和理性思维的干部排除在外。对此,应更新观念,转变思路,要正确处理好三个关系。

一是处理好"德"与"才"的关系,把好"入口关"。以岗位需要分类设置报考资格。根据实际工作需要设置学历、年龄、专业、经历、级别等资格条件,既不搞形式上的"一刀切",又不搞内容上的"一边倒",做到不同职位设置不同的资格条件,如有些需要丰富实践工作经验的职位年龄上放宽,有些看重发展潜力的岗位第一学历必须是本科或研究生以上,有些专业知识较强的职位则规定专业对口。在资格审查中,既看有没有胜任本职工作的能力,又要注重思想政治素质,坚持按标准审查,论条件入围,绝不能降低标准,甚至搞"无门槛入围"。

二是处理好"说"与"做"的关系,把好"评分关"。在考试内容上,由注重考察干部综合知识层面和深度向注重考察干部分析和解决实际问题能力转变,做到"三重三不唯":即重知识结构,但不唯学历,根据职位特点分门别类设计知识结构要求,强调对应学历水平但不唯第一学历;重工作经历,但不唯年龄,对照岗位职责要求因职而异设置工作经历条件,在年龄上不搞"一刀切";重实际能力,但不唯资历,破除论资排辈、按部就班的传统思维定式,全面考察干部发现问题、分析问题和解决问题的实际能力。以测试干部分析、解决实际问题能力为重点分别设定试题。笔试题可分为选择题、判断题、辨析题、案例分析题、作文题等,面试题可分为自我评价、情景模拟、领导艺术和实际问题等,设计灵活多样的题型。

三是处理好"分数"与"票数"的关系,把好"考察关"。从考察干部综合素质和现实表现等方面分职位实地调研、比较考核。对通过笔试、面试进入考察对象的干部,采取民主测评、个别谈话、分散座谈、典型解剖等方式,全面考察干部的德、能、勤、绩、廉等情况,并让群众充分享有对干部选用的知情权、参与权、选择权和监督权,使那些得到群众公认、工作实绩突出的优秀人才脱颖而出,走上领导岗位。

在公开选拔工作中,由于体制的原因,目前还很难突破单位性质的局限和干部职工身份的限制,在整体上造成了人力资源的闲置和浪费。因此,公开选拔和竞争上岗要取得真正意义上的成功,还必须破除呆板的计划调节、平衡照顾的"观念壁垒",破除校内外人才互不流通的"地域壁垒",破除行业、部门之间相互封闭的"体制壁垒",使公开选拔工作不断走向健康的发展轨道。

5.3 培养制度

5.3.1 加强组织领导,建立和完善干部培训工作责任制

职业院校党委要按照习近平新时代中国特色社会主义思想的要求,把加强干部培训工作当作一件事关全局的大事来抓,切实摆上议事日程,认真解决存在的问题。校党委和各党总支在制订工作计划时,要把干部培训作为重要内容,同步考虑,统筹安排。要重视发挥党校培训干部的职能作用。主要负责同志要带头参加培训,做学习表率。党委委员和各党总支委员应定期为

师生上党课，干部培训工作和干部学习情况，应列为考核党政领导班子工作业绩的基本内容之一。

按照党管干部、党管人才的原则，形成党委统一领导，组织部门牵头抓总，相关部门各司其职、各负其责、密切配合的干部教育培训新格局。校党委坚持每年听取一次干部教育培训工作的汇报，及时研究解决干部教育培训工作中的实际问题。建立和完善干部教育培训工作领导责任制和一级抓一级、层层抓落实的工作推进机制，明确各部门的责任。党委组织部门和党校作为干部教育培训的主管部门，应承担起干部教育培训工作的统筹规划、宏观指导、综合管理和督促检查的责任，并负责组织好学校处级干部及后备干部的教育培训；党委宣传部门负责指导干部的理论学习，包括两级中心组学习的指导、检查和督促；人事部门负责专业技术人员的培训。学校各职能部门要积极配合党校开展培训工作，各部门可根据工作需要与党校联办相关内容的业务培训班。

建设高素质干部教育培训师资队伍。挖掘整合校内教师资源，调动各学科专业教师的积极性，组建党校兼职教师队伍。按照规模适当、结构合理、素质优良、动态管理的原则，在校内建立干部教育师资库，优化师资配置，实现资源共享并重视对这支兼职教师队伍中中青年教师的培训。充分利用省内外有关职业院校或单位教育培训组织发达、人才培训能力突出的优势，聘请高水平专家学者作为培训教师。也可聘请政府部门经验丰富的官员，事业成功、素质优良的企业界人士以及各界精英。与省教育厅高校干部培训中心建立长期良好的合作关系，聘请相关教师来校授课，及时获取教育培训信息，组织处、科级干部参加省内外高水平的报告会。要继续选聘一批理论水平高、研究能力强、实践经验丰富的领导干部和专家学者担任兼职教师，要逐步建立区域性职业院校干部培训师资库。实行教师联聘、动态管理、优化师资配置，实现资源共享；同时，努力建设一支讲政治、懂业务、善组织、有敬业精神的干部教育培训管理者队伍。

5.3.2 完善相关制度，建立干部教育培训长效机制

目前，在职业院校干部教育培训的制度建设方面，还存在着很多"空白点"，而已有的一些制度也存在着弹性和随意性较大、刚性和强制性不够等问题。这是造成职业院校干部教育培训工作实效性不强、质量不高的一个重

要原因。因此，加强制度和机制建设成为当务之急，要通过政策导向、纪律约束、利益驱动，逐步建立起干部教育培训的长效机制。

一要建立有效的激励和约束机制。激励与约束是相辅相成的，是干部教育培训的基本运行机制和管理方法。坚持学分制管理，通过计时学分和实物学分的累计，对干部的学习培训情况进行科学的量化管理。坚持督学制管理，采取个人述学、群众评学和组织考学的办法，将干部的培训经历、学习表现和成果纳入干部管理、考核体系。坚持网络化管理，借助网络信息平台，建立干部教育培训管理信息系统。

二要健全完善干部脱产进修、党委中心组学习、在职培训等方面的制度，增强干部学习的自觉性、主动性，保证学习的效果。大力组织干部在职自学，建立述学、评学、考学三位一体的"促学"机制。每年年初，规定处级以上干部在职自学的必读书目，组织部、宣传部负责印制干部在职自学读本、学习辅导材料、思考题等。结合平时的干部管理工作，通过检查读书笔记、调阅理论文章、组织统一考试和民主评议等形式，全面考核干部的学习情况。年终考核时，干部本人要将自己参加学习培训的基本情况列为述职报告的一项内容。按照干部管理权限和职责分工，分级建立反映干部学习培训情况的专门档案，及时掌握干部学习状况和培训需求，对干部参加学习培训的工作进行系统管理，干部学习鉴定和考试成绩记入干部学习登记表，存入本人档案。对于没有参加过规定培训的人员，原则上不得予以提拔，对于因工作急需而被提拔的，必须安排参加近期培训。当然，对不同职务不同岗位的领导干部要提出不同的内容和标准，不能"一刀切"。

三要建立和完善干部培训和任用相结合的制度。真正把干部学习培训情况作为选拔任用干部的重要依据。严格执行领导干部在职学习的有关规定，把经过培训作为选用干部必须具备的资格。对那些积极参加教育培训、学习情况和学习成绩比较好又达到了规定时间要求的干部，要给予鼓励和表彰，并在同等条件下优先提拔和任用；对那些没有按要求参加教育培训、不懂又不学或学习积极性不高、学习情况很一般的干部，不但不能提拔，而且要进行批评教育，必要时要进行调整。通过奖优罚劣，树立正确导向，克服一些干部思想上产生的"学与不学、学好学坏一个样"的想法，充分调动广大干部的学习积极性，促使干部教育培训工作健康有序地发展。

四要尽快建立质量评估制度和培训基地资格审查制度。要制订严格的评估标准和评估程序，探索建立以"需求调研、培训设计、教学管理、学习效果"为基本框架的干部教育培训评估标准体系。引入竞争机制，推进培训教学资源的优化组合，遵循优胜劣汰的规则，实行培训任务跟着质量评估结果走、培训经费跟着培训任务走的管理模式，逐步完善培训基地自我约束、自我管理机制，使职业院校党校在功能布局上更趋合理，努力形成各自的特色，发挥各自的优势。

5.3.3 健全投入机制，加强干部教育培训基地建设

把干部培训、人才培养投入作为加大人力资本投资的主要途径，加大人力、财力、物力投入。要根据干部培训任务的需要，将干部教育培训经费列入年度预算，设立干部培训专款。同时把培训经费的使用与培训业绩挂钩。制定管理办法，加强干部教育培训经费管理，规范经费支出，不断提高干部培训经费的使用效益。制定单位和个人出资培训制度。

学校党校作为干部教育培训的基地，担负干部培训任务的职能。针对党校培训规模不断扩大的情况，要切实保证党校有相对固定的教学场所。要不断提高党校管理人员的素质，加强党校基本设施和培训手段的建设。搭建网络教育培训平台，拓展培训空间，利用校园网进行开放式教育。既要充分利用我国部分省市革命传统教育资源丰富的优势，更要不断创新，积极探索与时俱进的培训教材、内容、方式和现代化培训基地，切实增强培训效果。

有必要积极探索实行职业院校干部培训基地间的资源共享。这既有利于降低教育成本，又是以内涵挖掘的方式弥补办学资金短缺的重要方法。要探索实行受益者补偿教育成本的制度。

要不断总结干部教育培训的经验，努力探索提高干部教育培训质量的新途径。进一步强化干部教育培训工作的宏观管理，加强调查研究，及时掌握新情况、新问题，超前谋划，研究对策，增强干部教育培训工作的预见性和主动性，要根据人才的成长规律和特点，因地制宜，因事制宜，加强干部教育培训工作的分类指导，充分挖掘、整合利用社会教育培训资源优势，走多渠道、多样式联合办学或合作办学的路子。

5.4 激励制度

5.4.1 建立青年干部人才库,选拔培养高精人才

一是加快各类人才培养。加快青年专业人才库建设,做好青年专业人才选拔工作,抓好全校35岁以下青年职工职业生涯规划跟踪管理,持续关注双一流高校、硕士以上高学历和科技、国际金融等专业青年干部转岗工作。

二是选拔培养高精人才。大力培养优秀年轻职工,大胆提拔使用敢于负责、勇于担当、善于作为、实绩突出的干部。正确处理培养选拔年轻干部和用好其他年龄段干部的关系,充分调动各年龄段干部的积极性和创造性。

5.4.2 建立科学合理的激励机制

"激励"一词,最早见于《史记·范雎蔡泽列传》中"欲以激励应侯",意为激发,鼓励,使人振作。按现代管理中的激励理论的观点,激励是一个根据人的需要去激发人的动机的心理过程。通过正确的激励,能够激发人的内在潜力,开拓人的能力,充分发挥人的积极性和创造性。在干部队伍建设中,通过对他们行为规律的研究,寻求行为产生的原因、行为方式与目的,找到激发干部努力工作的因素,并借鉴和运用人力资源管理中的激励机制,采取有效的激励手段和方法,达到控制、规范干部的行为,更好地完成工作目标的目的。

激励的方式是多种多样的,主要有以下几种。

5.4.2.1 目标激励

管理心理学认为,目标是期望达到的成就或结果。人类的任何行为,都是指向某种特定的目标,为了达到和实现这种目标。目标是一种巨大的激励力量,可以转化为内在动力,对于激发和调动人们的内在积极性,具有重要的作用。职业院校应以事业发展目标凝聚、鼓舞、激励干部。心理学家弗洛姆提出的期望理论认为[1]:目标激发力量=效价×期望值,该公式的含义是当一个人对某件事情的结果的效价看得很高,而且他判断自己获得这项结果

---

[1] 李品媛:《管理学原理》[M].4版.东北财经大学出版社,2018,第256页。

的可能性也很大时，那么用这件事来激励他就非常起作用。从期望上看，职业院校干部只要努力工作，都希望有晋升更高一级职务的可能性，这种职务的晋升表明组织、社会对其价值和地位的认可，并且只有这种职务"目标链"较长时，才能激励职业院校干部为实现一个又一个的具体目标而积极进取、努力工作。

5.4.2.2 荣誉激励

荣誉是对在工作中取得成绩的干部的公开承认，是激发他们奋力进取的重要手段。给优秀干部授予光荣称号、象征性的荣誉，如发奖状、证书、奖章等，可以满足他们的自尊心、成就感和荣誉感，在当前仍是非常有效的激励方式。同时，这种激励方式对那些没有获得荣誉的干部也具有鞭策作用，可以引起感召力，产生比、学、赶、超的动力，并且在稳定干部队伍等方面也能发挥很大的作用。职业院校知识分子多数重名不重利，精神激励对他们的影响是巨大的、持久的。因此，要高扬人文精神，以人情、人文理念重视干部的价值，促使干部对精神文明的不断追求。

5.4.2.3 信任激励

信任激励是针对那些勇于面对挑战、乐于创新的干部的特点，放手给他们一定难度或富有挑战性的工作，并赋予一定的权力和责任，对他们提出的每一个有新意的大胆设想要及时给予支持、鼓励和信任，对于工作中的疏漏要及时加以指点和弥补。要注意每一工作阶段的目标不能过高，应切实可行。假如最终的工作目标没有实现，其实也起到了培养和锻炼能力的目的，也要鼓励干部不要气馁，正视工作中的挫折。对干部来说，最大的需求莫过于有一个施展个人才干的舞台和组织的信任；对组织来说，最大的激励措施就是为干部提供与其能力、性格等综合因素相匹配的领导岗位。信任的激励价值在于为干部表现自己提供机会，使其充分施展才干。给予下属充分的权力，不干预下属的具体做法，下属才能大展拳脚，不会因空间狭窄而觉得束手束脚。委任不授权，或是权责不统一，就会产生逆反心理，即会消极怠工。信任激励，就是领导者"用人不疑"，变压力为激励，让人信心百倍地完成工作任务。

5.4.2.4 榜样激励

榜样的力量是无穷的，适时树立一些榜样，可以激励干部的学习、生活、工作积极性。榜样就似一面旗帜，具有生动性和鲜明性，容易引起干部队伍感情上的共鸣。在实际工作中，可以通过评选优秀干部的形式，树立一些榜样。对干部做到政治上关心、心理上沟通、生活上帮助、工作上支持、学习上指导，建立共同的工作目标，激发工作欲望，变"要我工作"为"我要工作"。特别要注意以本单位活生生、有血有肉的先进典型影响、激励大家前进。领导干部以"自我实现"的行为方式，即通过自身的模范作用激发大家，如同启动空气调节器一样，把本单位的空气调到最适宜培养积极因素的环境，就会产生用正式权力难以奏效的感召力。

5.4.2.5 参与激励

马克思认为，人的本质并不是单个人所固有的抽象物，在其现实性上，它是一切社会关系的总和。❶ 在干部管理工作中，就是要体现以人为本，充分尊重干部作为人的价值，维护干部的根本利益，激发干部的才智和潜能。参与激励的本质是使干部获得心理投入的体验，产生心理认同，个人人格得到充分发挥；能主动出主意、想办法、献计献策，提出有创见和有价值的建议。通过组织、开展各种活动，使他们参与进去，锻炼组织、沟通等能力，激发干部的工作热情，增强干部的主人翁责任感和奉献意识，为学校的总体目标而奋斗。

5.4.2.6 培训激励

按照现代培训层次理论，加强分类分级有针对性的培训，鼓励职业院校干部走出校门去学习和吸收国内外先进的工作方法和科学知识，为他们开阔视野、更新知识、"加油充电"创造机会。要坚持培训和任用相结合，引导他们注重自身素质和能力的提升，激发其积极参加培训的内在动力。逐步做到"不经培训不上岗，不经培训不任职，不经培训不提拔"。

5.4.2.7 物质激励

长期以来，党政机关的宣传基调是：领导干部要注重精神追求，淡化物质追求。但是，现实社会中人们必定会关注物质利益，这是人类赖以生存的基础。党的干部也是人，也需要物质利益，因此，一定的物质激励是很有必

---

❶ 马克思，恩格斯：《马克思恩格斯选集（第1卷）》[M]. 人民出版社，1972，第18页。

要的。要制定完善教学、科研、管理等一系列奖励条例，在注重精神鼓励的同时，也要注重物质奖励，大大提高管理骨干的经济待遇，使他们获得的报酬与所付出的劳动相当。关心干部的生活，尽可能帮助干部解决后顾之忧。建立灵活多样的收入分配机制，在收入分配政策上，要重实绩、重贡献，向关键岗位和优秀人才倾斜。缩小管理人员与专业技术人员的工资差别，整体上提高职业院校管理干部的经济收入，有利于改善管理人员的生活条件，激发工作热情。特别是随着利益渠道的多元化，各种诱惑越来越多，对领导干部来讲，与其让他们由于心理失衡另找渠道偷偷补偿，倒不如采取阳光政策给予报酬。有条件的职业院校可以逐步推行干部岗位年薪制。

5.4.2.8 *需要激励*

着眼于"点燃干部的心灵之火"，注意了解和研究职业院校干部的心理特点和各种需要，激发干部的工作动机，调动其积极性。

由于干部特殊的职业活动，其需要具有自身的特点：一是精神文化需要的优先性；二是创造、成就需要的强烈性；三是自尊、荣誉需要的关切性；四是物质需要的精神丰富性。

职业院校党委必须注意到这些特点，有效地利用这些需要来激发干部的内在动因，从而调动干部的工作积极性。特别要重视激发事业心需要，从坚定干部的理想信念入手，加强荣誉感和责任感教育；重视能力需要，激发干部对专业知识和业务能力的发展，促进教育和教学质量、管理质量的提高。

5.4.3 使用科学的激励策略和方法

(1) 专业发展激励策略与方法　职业院校教学以及管理工作属于知识密集型工作，激励职业院校干部的首要因素是个体成长。基于职业院校干部的专业成长需求，鉴定并提供机会促进干部加速自我专业发展，是职业院校管理者发挥激励作用的重要途径。

a. 专业发展需求识别与判断　职业院校承担着人才培养、科学研究以及社会服务的职责，干部是保证人才培养质量的关键因素。职业院校走内涵发展之路对职业院校干部专业发展提出了更高要求。同时，职业院校干部强烈的个人成就需求也要求自身在专业领域不断追求卓越。同时，由于专业背景和工作经历不同，职业院校干部专业发展需求结构和需求预期存在显著差异。

　　职业院校管理者需要在工作实践中识别和判断干部个性化专业发展需求，从而提高激励的针对性和有效性。例如，职业院校辅导员群体具有自身独特的专业发展需求，很多职业院校辅导员具有博士学位，在完成辅导干部工作的同时具有强烈的专业发展需求，如果管理者能够及时识别和判断这种需求，为其在学生心理健康、职业生涯规划以及就业创业等领域的专业发展提供机会和平台，就既能留住优秀的辅导员又能突破辅导员的专业发展瓶颈，对形成稳固的学生管理团队、提升团队工作绩效具有重要的现实意义。

　　b. 专业发展需求支持与满足　　在明确职业院校干部专业发展需求的基础上，职业院校管理者要进一步调动学校资源和社会资源为其专业发展提供支持，以满足干部的个性化专业发展需求，从而实现有效激励的目的。

　　培训学习是支持干部专业发展的重要途径。

　　职业院校管理者首先要借助本部门资源优势，为干部提供专业培训，使本部门干部更清晰地了解组织目标、发展愿景以及专业发展机会，充分激发干部特别是青年干部专业发展的内在动机，增强干部专业发展的信心。

　　其次要积极争取校内资源，为干部专业发展提供支持。例如，为相关青年干部配备校内教学名师作为其专业发展导师，在专业发展方向、重点课题研究以及教学技能提升等方面提供指导。

　　最后要积极寻求社会资源，支持部门干部参加国内外高层级专业学术会议，支持部门干部积极参与企事业单位关键技术的联合攻关，为发挥干部专业技术优势提供实践机会，为干部专业发展提供更广阔的平台。

　　c. 专业发展引领与指导　　职业院校管理者具有良好的政治素质、高尚的道德风尚、深入的专业研究能力和优秀的组织管理能力，在个人专业发展的道路上经历了自我成长的过程，积累了丰富的干部专业成长案例，在引领和指导青年干部专业发展方面具有天然优势。因此，职业院校管理者要做好干部专业发展的引领者和支持者，以高水平的专业成就、丰富的管理经验以及厚重的人生阅历为干部专业发展提供引领、指导和帮助。

　　(2) 评价激励策略与方法　　评价具有导向激励功能，科学规范、创新导向的干部评价体系是激发干部创新活力的基础。掌握并运用评价激励策略与方法，是职业院校管理者有效激励干部的管理途径。

a. 创新干部评价机制　2016年教育部印发的《关于深化高校教师考核评价制度改革的指导意见》明确提出，要以师德为先、教学为要、科研为基、发展为本为基本要求，注重凭能力、实绩和贡献评价教师克服唯学历、唯职称、唯论文等倾向。2018年中共中央办公厅、国务院办公厅印发的《关于深化项目评审、人才评价、机构评估改革的意见》明确要求，全面深化项目评审、人才评价、机构评估改革，营造潜心研究、追求卓越、风清气正的科研环境，最大限度激发科研人员的积极性和创造性。

长期以来，我国教师评价存在着"唯论文""唯帽子"等不利于干部发展的倾向，严重制约了干部主动性、创造性的最大限度发挥。在2018年9月10日的全国教育大会上，习近平总书记明确指出要深化教育体制改革，健全立德树人落实机制，扭转不科学的教育评价导向，坚决克服唯分数、唯升学、唯文凭、唯论文、唯帽子的顽瘴痼疾，从根本上解决教育评价指挥棒问题。

诚然，创新干部评价机制是一个系统工程，需要国家从顶层设计角度予以制度创新，但职业院校管理者处于教学与管理第一线，在实践中应坚持促进干部发展和学生发展的导向，勇于探索创新职业院校干部评价方式方法，分类构建基于学术本位的教师评价体系和基于绩效管理的行政管理人员评价体系，突出品德、能力、业绩及代表性成果的质量、贡献、影响，积累职业院校干部评价的成功经验，为国家创新干部评价机制提供典型案例，从而突破制约干部创造性发挥的顽瘴痼疾。

b. 落实部门管理自主权　2019年《政府工作报告》指出，要充分尊重和信任科研人员，赋予创新团队和领军人才更大的人财物支配权和技术路线决策权。进一步提高基础研究项目间接经费占比，开展项目经费使用"包干制"改革试点，不设科目比例限制，由科研团队自主决定使用。2019年国务院办公厅发布的《关于抓好赋予科研机构和人员更大自主权有关文件贯彻落实的通知》要求，杜绝形式主义、官僚主义等现象，真抓实干，务求实效，切实为科研单位和科研人员营造良好创新环境，进一步解放生产力，为实施创新驱动发展战略和建设创新型国家增添动力。

落实管理自主权是发挥职业院校管理者激励职能的重中之重。当前，随着高等教育综合改革的深入实施，包括干部职称评定在内的职业院校办学自主权得到显著增强，职业院校二级学院或部门可以按照学术标准制订相应的干部评聘条件或岗位聘任条件，根据不同类型干部的岗位职责和工作特点以及干部所处职业生涯的不同阶段，分类、分层次、分学科设置考核内容和考核方式，提高干部评价的针对性和专业性，保障教学、科研以及行政绩效突出的干部晋位升级；探索创新干部发展性评价，构建以干部发展为导向、服务干部发展的评价体系，将干部发展性评价作为部门自主评价的重要组成部分，充分发挥发展性评价对于干部专业发展的导向引领作用。同时，发挥奖惩性评价的激励约束作用。

c. 强化评价结果应用　考核评价是职业院校干部选聘、任用、薪酬、奖惩等人事管理的基础和依据，评价结果的意义在于应用。在当前职业院校干部评价实践中，部门往往重视评价的过程，评价结果与激励的挂钩机制尚未完全建立，对评价结果追责问效的责任约束机制尚未完全建立，导致评价中多次提及的问题依然反复出现，使干部评价工作的激励价值大打折扣；反馈内容不够详细具体，不能对干部的工作起到引导、激励的作用；评价结果与干部之间缺乏有效沟通，评价结果尚未得到干部内心的高度认可。职业院校管理者要运用考核评价调动干部工作的积极性、主动性，就要重视和强化评价结果的应用，将干部评价结果与干部到国内外高水平大学的访学、培训进修以及职称评定等联动，为评价结果良好的干部提供带薪培训或出国深造的机会，以此激励干部的工作投入程度。

同时，加强对干部的过程性评价，将过程性评价与终结性评价结合，并在评价过程中增进管理者与干部之间的沟通，这种双向沟通的过程往往比考核结果本身更具意义。通过过程性评价，动态把握干部工作中存在的问题及改进的方向，干部也更清晰部门组织目标以及工作职责，从而在管理者的支持下及时调整自己的工作方式。因此，管理者不仅要重视干部过程性评价，更要借助评价来增进与干部的双向沟通，从而实现组织和个人目标的高度一致性。

（3）目标激励策略与方法　目标是人们期望达到的成就和结果。目标激励是指通过目标的设置以激发干部工作积极性和创造性的激励方式。职业院校管理者运用并掌握目标激励的策略与方法，对于有效提升激励效果具有重要意义。

a. 明确个性化职业发展目标　每个职业院校干部的职业生涯都是不同的，其职业发展目标也具有明显的个性化特征。如果干部的职业发展目标是要成为教学名师，那么其对教育教学技能提升的需求就会明显增强，职业院校管理者为其提供教学名师发展相应的资源支持，干部的积极性和创造性会被有效激发，干部将会在教学名师目标的引领下潜心教学；如果干部的职业发展目标是成为高水平研究人员，那么他们会对科学研究更感兴趣，职业院校管理者就要为其提供科学研究的平台和机会，支持其在科学研究的探索过程中实现职业目标；如果干部的职业目标是成为一名优秀的管理者，职业院校管理者就要为其提供参与管理、提升管理水平的机会，支持他们在部门中发挥组织管理作用，培养其成为一名优秀的管理者。可见，职业院校管理者只有明确干部的个性化职业发展目标，才能有的放矢，采取有针对性的激励措施，从而有效发挥激励措施对干部职业发展的价值和作用。

b. 目标设置要具有挑战性　确保激励的有效性，单凭兴趣爱好是不够的。麦克利兰认为只有设置明确客观可实施的、有一定难度系数的、具有挑战性的目标，才能确保激励的有效实施。发挥目标的激励作用，要求目标的难度要适度：目标难以实现会使干部望而生畏，从而失去激励作用；目标轻而易举就能实现，不足以激发干部的积极性，因而也不具有激励作用。因此，目标设置要具有挑战性，但不能超出人的承受能力。具有挑战性的目标对于个体来说具有一定的激励作用，往往会激发个体发挥潜能，从而使其高质量完成任务目标。

c. 部门与个人目标的统一　只有当干部接受了组织目标并与个人目标协调起来时，目标才能发挥应有的激励功能。职业院校干部虽然具有较强的工作自主性，但干部个人发展目标并不能脱离组织机构目标。部门目标与个人目标的有机统一，才能有利于组织目标的实现，才能有利于个人发展目标的实现。为此，职业院校管理者要充分保障干部对组织发展战略和发展方向的知情权和参与权，保障干部以各种形式参与部门目标的讨论和决策，实现部门目标与个人目标的有机统一，从而更加凸显激励的作用。

d. 发挥榜样的引领激励作用　榜样的力量是无穷的，榜样在特定情境下有着巨大的激励作用。班杜拉的社会学习理论认为，人可以通过观察他人的行为及行为的结果进行学习。榜样激励是指以榜样激发部门干部积极性的方法。职业院校在办学过程中涌现出众多先进典型、知名专家以及优秀工作者等具有激励意义的群体，因此，发挥榜样的激励作用，对职业院校而言具有比较优势。职业院校管理者应充分发掘从本部门或学校成长起来的榜样资源，为部门干部树立学习的榜样，并引导干部向榜样学习，从而实现榜样激励的目的。

(4) 薪酬激励策略与方法　薪酬激励最根本的是要形成"优劳优酬"的激励机制，确定公平、公正、公开的绩效工资分配方案，鼓励干部多劳多得、优劳优酬。

a. 落实绩效工资分配自主权　没有绩效管理，很难体现薪酬的公平性和激励性，职业院校管理者只有重视绩效管理，认真研究绩效管理的理论、方法和流程，科学设计干部绩效管理体系，深入落实绩效工资分配自主权，才能充分发挥绩效工资对干部的激励作用。2020年7月，山东省印发《关于完善高等学校绩效工资内部分配办法的指导意见》，要求高校切实履行绩效工资分配主体责任，自主搞活内部分配，根据特色发展、人才培养、人员结构和岗位类别等因素，按照规定程序在核定的绩效工资总量内自主确定收入分配办法，自主确定绩效工资的具体项目、标准（省统一规定的除外），自主实施绩效考核，自主搞活绩效工资分配。下放内设二级单位分配自主权，鼓励高校将绩效工资总量切块到二级单位，由二级单位进行自主分配。创收收入优先用于绩效工资分配，高等学校通过校企合作、技术服务、社会培训、自办企业等创收净收入，可按照不低于50%的比例用于奖励性绩效工资分配。绩效工资与干部工作表现、工作业绩以及实际贡献相联系，并体现出一定差距，对于打破平均主义、调动干部积极性具有重要推动作用。二级单位是高等学校的基本组成单位，直接承担高校人才培养、科学研究、社会服务以及文化传承职能，落实二级单位分配自主权是高校管理重心下移的重要体现，为管理者有效运用绩效工资分配权激励部门干部提供了依据和操作空间。

b. 充分保障干部的知识价值　职业院校干部的工作性质在于知识传授、知识深化和知识创造，干部的创造性工作的价值体现在对于推动人类文明进步所带来的实质性贡献。

2016年11月，中共中央办公厅、国务院办公厅印发《关于实行以增加知识价值为导向分配政策的若干意见》(简称《意见》),提出为加快实施创新驱动发展战略,实行以增加知识价值为导向的分配政策,充分发挥收入分配政策的激励导向作用,激发广大科研人员的积极性、主动性和创造性,鼓励多出成果、快出成果、出好成果,推动科技成果加快向现实生产力转化。《意见》的核心理念是提高科研人员知识价值的收入水平,是职业院校干部激励制度创新的纲领性文件。职业院校干部要积极落实国家关于增加科研人员知识价值的有关政策,以转让、许可、作价入股、创办企业等多种方式转化科技成果,依据国家政策制订个性化实施方案,充分保障教职工在成果产出、成果转化中的合法收益,将国家政策转化为教职工激励的有效工具,从而推动全社会加快形成知识创造价值和创造者得到合理回报的良性循环。

c. 建立公平公正的激励机制　公平公正是激励制度的基本原则。公平理论指出,一个人的工作动机不仅受其所得的绝对报酬的影响,而且受其相对报酬的影响。每个人都会不自觉地把自己付出的劳动进行纵向比较和横向比较,判断自己是否受到了公平对待。如果激励措施不能保障公平公正,那么,不仅不会起到激励的效果,反而还会制约和削弱职业院校干部积极性的发挥。因此,职业院校干部薪酬分配要建立在公平公正的基础之上。提高青年干部收入水平,是职业院校管理者激励干部的重要方面。要解决职业院校专任教师和行政管理人员之间的薪酬不平衡状况。根据工作性质和实际贡献设计不同类型人员的绩效管理体系,缩小专任教师与行政管理人员的薪酬差距,避免因职业院校内部横向比较造成的心理失衡现象。

(5) 自我激励策略与方法　心理学研究表明,内在激励比外在激励更加有效。德国学者斯普林格认为:"强烈的自我激励是成功的先决条件。"[1] 自我激励是指激励主体根据组织设定的目标,通过引导的方式进行自我管理从而达到预定目标的心理过程。[2] 相较于外部激励,自我激励产生的内在动力更具有持久性,更能激励干部从内在形成专业发展自觉,从而使干部工作效率更高。

a. 引导干部自我认知　自我认知是对自己的认识和评价,良好的自我认知是激励和促进干部专业化发展的前提条件。正确的自我认知就是对自我

---

[1] 熊小芬,张建明:《情商实训教程》[M]. 武汉大学出版社,2014,第 77 页。
[2] 赵琳:《论教师专业发展自我激励机制研究》[J]. 继续教育研究,2015 (3),第 58—60 页。

价值观、干部职业声望、收入水平以及发展潜力有客观评价，其中，自我反思能力是自我认知水平的一个重要衡量标准。干部对自己教学方式或行政工作方式的反思，为工作改进提供了方向和目标，是自我激励能力的突出表现。职业院校管理者应引导部门干部加强在自我评价基础上进行自我反思，养成反思工作过程、思考过程、解决问题过程的习惯，从而有效提升干部自我认知水平，进而以正确的自我认知激发个体自觉努力。

b. 保障干部工作自主性　工作自主性是干部作为专业技术人员的重要特征。干部工作自主性是指干部在具体工作中的主导性和主动性。研究表明，自主性会推动教师工作投入，自主性会生发职业幸福感。❶ 充分发挥干部工作自主性，为干部思考本职工作和自我完善提供自主空间，是干部个体自我激励，并创造性开展工作的保障条件。如果干部的工作自主性得不到有效保障，只是被动地接受管理者安排的工作任务，不仅工作效率得不到有效保障，还会使工作缺乏创造性，致使干部的育人功能难以有效发挥。职业院校管理者应为干部自主工作创造有利于自主性、能动性发挥的工作环境，保障干部按照组织目标实现自我管理、自我评价以及自我反思，主动地、创造性地完成自己的本职工作，以最大限度地实现自我价值。

c. 提升干部自我激励能力　作为组织中的个体，干部自我激励能力受到管理者管理方式的直接影响。职业院校干部具有提升专业领域的名声、成就及相应地位的强烈需要，他们从工作中获得了高水平的内在满足，通常会产生更高水平的自我激励。职业院校管理者要将增强干部主体意识、提升干部自我激励能力作为激励的重要内容，激发干部形成高度的内在动机以促进干部的自我完善、自我提高。具体而言，职业院校管理者要充分尊重干部的工作自主性，在工作时间与空间方面保障干部工作自主性；要为干部自我激励创造有利的外部环境，从政策制定、制度设计以及日常管理等方面为干部自我激励提供有效支持；要及时反馈干部工作表现，包括口头反馈或书面反馈，充分肯定干部在工作上的突出表现，增强干部自我激励的信心，从而形成"自我激励—行为改变—有效反馈—自我激励"的良性循环，在这种螺旋式上升中实现个人成就，同时提升组织效能。

---

❶ 唐海朋，曹晓君，郭成：《自主对教师职业幸福感的影响：工作投入的中介作用》[J]. 教师教育研究，2016，28（1），第55—60页。

5.4.4　帮助个人进行职业生涯管理

5.4.4.1　个人职业生涯的影响因素

每个人的职业生涯都不可能是一帆风顺的，会受到个人和环境两方面的影响，这两方面又分别包含多种因素。了解这些因素，无论对个人还是职业院校组织都有着不可替代的重要意义。

(1) 影响职业生涯的个人因素　职业生涯是一个人一生中的黄金年华，能否成功地开创和发展自己的职业生涯，与个人对自己的认知、定位和剖析程度有很强的关联性。通过自我剖析，明确自己的职业性向和定位、能力水平、职业偏好，才能够保证做出的职业选择是切合实际的。

a. 职业性向　霍兰德（John Henry Holland）教授根据自己对职业性向测试的研究，认为职业性向（包括价值观、动机和需要等）是决定一个人选择何种职业的重要因素。❶ 他提出的职业性向模型，将人的性格和职业类型划分为以下六种基本类型：现实型、调研型、艺术型、社会型、企业型和常规型。❷ 通过对自我职业性向的分析和判断，选择与其对应或者关联较大的职业，在这样的环境中工作的个人，就会感到内在的满足和舒适，最有可能发挥其才能，获取职业成功的可能性也会增加。

b. 能力水平　对职业院校的干部来说，其能力是指劳动的能力，即运用各种资源从事生产、研究、经营管理等的能力。能力是干部职业发展的基础，与干部个人发展水平成正比，具体包括一个人的体能、心理素质、智能在内的全面综合能力。体能即生理素质，表现为对劳动负荷的承受能力和劳动后消除疲劳的能力。心理素质指人的心理成熟程度，表现为对压力、挫折、困难等的承受力。

智能包含三方面的内容：智力，即干部认识事物、运用知识解决问题的能力，包括观察力、理解力、思维判断力、记忆力、想象力、创造力等；知识，即干部通过学习、实践等活动所获得的理论与经验；技能，即干部在智力、知识的支配和指导下操作、运用、推动各种物质与信息资源的能力。

个人能力对个体职业发展有着重要影响。

---

❶ 陈建：《职业生涯规划理论与实践》[M]. 航空工业出版社，2014，第 81 页。
❷ 陈建：《职业生涯规划理论与实践》[M]. 航空工业出版社，2014，第 81—82 页。

第一，能力越强者，对自我价值实现、声望和尊重的要求越高，发展的欲望越强烈，对个体发展的促进也越大；同时，能力强者接受新事物、新知识快，其自我完善和提高快，能力与发展呈良性循环，不断上升。

第二，在其他条件一定的情况下，能力越强，贡献越大，收入相对越高。高收入一方面为个人发展提供了物质保证，另一方面能替代更多自我发展的时间。

所以，能力既对干部个人发展提出了强烈需求，又为个体职业发展的实现提供了可能条件，是个人职业发展的重要基础和影响因素。

c. 职业发展阶段　每个人的职业生涯都会经历许多阶段，只有了解不同阶段的特征、知识水平要求和各种职业偏好，才能更好地促进个人的职业生涯发展。美国著名的职业管理学家萨柏教授将人的职业生涯分为五个主要阶段：成长阶段、探索阶段、确立阶段、维持阶段和衰退阶段。[1] 职业生涯阶段的划分为个人判断自己所处的职业生涯阶段及分析所处阶段的特点和要求提供了参照。

（2）影响职业生涯的环境因素

a. 社会环境因素

（a）经济发展水平　一个地区的经济发展水平不同，职业院校规模不同，对个人的职业选择影响也不同。一般来说，在经济发展水平高的地区，职业院校相对集中，优秀职业院校也比较多，个人职业选择的机会就比较多，因而就有利于个人职业发展；反之，在经济落后地区，个人职业发展也会受到限制。

（b）社会文化环境　具体包括教育条件和水平、社会文化设施等。一般来讲，在良好的社会文化环境中，个人能受到良好的教育和熏陶，从而为职业发展打下更好的基础。

（c）政治制度和氛围　政治和经济是相互影响的，政治不仅影响到一国的经济体制，而且影响着职业院校的组织体制，从而直接影响到个人的职业发展。此外，政治制度和氛围还会潜移默化地影响个人的追求，从而对职业生涯产生影响。

---

[1] 孙健敏：《人力资源管理》[M]．科学出版社，2009，第202页。

(d) 价值观念　一个人生活在社会环境中，必然会受到社会价值观念的影响，大多数人的价值取向，甚至都是为社会主体价值取向所左右的。一个人的思想发展、成熟的过程，其实就是认可、接受社会主体价值观念的过程。社会价值观念正是通过影响个人价值观而影响个人的职业选择。

b. 职业院校环境因素

(a) 职业院校文化　职业院校文化决定了一个职业院校如何看待它的干部，所以，干部的职业生涯是为其职业院校文化所左右的。一个主张干部参与管理的职业院校显然比一个独裁的职业院校能为干部提供更多的发展机会；渴望发展、追求挑战的干部也很难在论资排辈的职业院校中受到重用。

(b) 管理制度　干部的职业发展，归根到底要靠管理制度来保障，包括合理的培训制度、晋升制度、考核制度、奖惩制度等。职业院校价值观、职业院校经营哲学也只有渗透到制度中，才能得到切实的贯彻执行。没有制度或者制度定得不合理、不到位，干部的职业发展就难以实现，甚至可能流于空谈。

(c) 领导者的素质和价值观　一个职业院校的文化和管理风格与其领导者的素质和价值观有直接的关系。职业院校的干部职业发展是否能够顺利实施，在很大程度上取决于领导者的重视程度，而其是否重视又取决于领导者的素质和价值观。

5.4.4.2　个人职业生涯规划

对于干部个人职业发展的管理，职业院校组织和个人都承担着重要责任，但作为干部本人，对于职业成功负有最直接的责任，而当中最重要的是制订适当的个人职业计划。个人职业生涯管理是以实现个人发展的成就最大化为目标的，通过对个人爱好、能力和个人发展目标的有效治理实现个人的发展愿望，即在组织环境中，由干部自己主动实施的、用于提升个人竞争力的一系列方法和措施，主要包括自我分析、职业生涯机会评估、职业选择与目标设定、职业生涯路线选择、评估和调整等。

(1) 自我分析　在规划职业生涯时，首先要明确志向，这是规划职业生涯的关键，也是设计职业生涯中最为重要的一步。在此基础上，干部应该认真进行自我分析。自我分析是对自己的各个方面进行分析评价，包括对人生观、价值观、受教育水平、职业锚、兴趣、特长、性格、技能、智商、情商、思维方式和方法等，达到全面认识自己、了解自己的目的。这样，才能选定适合自己的职业发展路线，增加事业成功的机会。

(2) 职业生涯机会评估　职业生涯机会评估，主要是评估各种环境因素对自己职业发展的影响。如前所述，环境因素包括经济环境、政治环境和职业院校环境等。在设计个人职业生涯时，应分析环境发展的变化情况、环境条件的特点、自己与环境的关系（包括自己在此环境中的地位、环境对自己提出的要求以及环境对自己有利的条件与不利的条件）等。只有充分了解这些环境因素，才能做到在复杂的环境中趋利避害，使设计的职业生涯具有实际意义并切实可行。

(3) 职业选择与目标设定　职业选择的正确与否直接关系到人生事业的成功与失败，这是职业生涯规划中很关键的一步。在选择职业时，要慎重考虑自己的职业性向、能力、职业锚、人生阶段等重要因素与职业的匹配程度。

在职业选择基础上确定职业发展目标。职业生涯目标的设定，是在继职业选择后对人生目标做出的又一次抉择。它是依据个人的最佳才能、最优性格、最大兴趣和最有利环境等信息所做出的。职业生涯目标通常分为短期目标、中期目标、长期目标和人生目标。短期目标一般为1～2年，中期目标为3～5年，长期目标为5～10年。干部可以与上级主管针对目标进行讨论，并确定短期与中长期职业目标，这些目标与干部的期望职位、应用技能水平、工作设定、技能获得等方面紧密联系。

(4) 职业生涯路线选择　在确定职业和职业发展目标后，就面临着职业生涯路线的选择，以便为自己的学习、工作及各种行动措施指明方向，使职业沿着预定的路径即预先设计的职业生涯发展。

职业生涯路线的选择通常从以下三方面考虑。

a. 个人希望向哪一条路线发展　主要考虑自己的价值观、理想、成就动机，确定自己的目标取向。

b. 个人适合向哪一条路线发展　主要考虑自己的性格、特长、经历、学历等主观条件，确定自己的能力取向。

c. 个人能够向哪一条路线发展　主要考虑自身所处的社会环境、政治与经济环境、组织环境等，确定自己的机会取向。

对这三个问题要进行综合分析，才能确定自己的最佳职业生涯路线。

(5) 评估和调整　如前所述，影响职业生涯规划的因素很多，其中环境变化是最为重要的因素。面对瞬息万变的社会大环境，要使职业生涯规划行之有效，就必须不断地对职业生涯规划进行评估与调整。其调整的内容侧重于职业的重新选择、职业生涯路线的选择、人生目标的修正以及实施措施与计划的变更等。

5.4.4.3　加强个人职业生涯管理

职业生涯管理，一般指雇员确立职业生涯发展目标，选择实现目标的职业并制订相应的工作、培训和教育计划，并按照一定的时间安排，采取必要的行动实施职业生涯目标的过程。❶ 在本书中，职业生涯管理指干部人才通过评估自身知识、能力及对工作的要求，确立职业生涯发展路径，并在知识储备、工作拓展及生活领域采取具体的应对措施的过程。它包括两方面内容。

(1) 职业适应性管理　职业适应程度取决于个人的素质，包括思想素质、业务素质、道德素质和心理素质。❷ 个人要适应职业，至少应做到以下几点。

a. 培养职业兴趣　对干部人才来说，宜培养公共服务精神。

b. 融入职业院校　即知悉职业院校的相关制度，认知组织文化。

c. 提高综合素质　以应对自我、家庭及工作各领域的要求。

(2) 实施职业生涯管理　自我、工作与家庭是干部人才在职业生涯发展中必须面对的三大领域，职业生涯管理也围绕这三大领域展开。

a. 自我事务管理　自我管理即管理好自身的生理、心理、知识、情感等。有学者称，"自我事务管理中最为重要的是提高情商和健商水平。"❸ 健商即健康水平，这直接影响人的生活态度、情绪和效率。同时，积极的心理状态，自信、宽容、积极乐观、独立等心理品质对于干部职业生涯发展大有裨益。

b. 职业生涯管理　对于女性党政领导人才来说，在不同的职业生涯发

---

❶ 姚裕群，曹大友.《职业生涯管理》[M]. 2版. 东北财经大学出版社，2012，第252页。
❷ 廖泉文.《人力资源管理》[M]. 2版. 高等教育出版社，2011，第260页。
❸ 廖泉文.《人力资源管理》[M]. 2版. 高等教育出版社，2011，第260页。

展阶段要处理好不同的问题。

(a) 职业生涯早期 对于很多初入党政机关的女性来说，宜处理好个人对职业生涯的准备工作，包括工作技能与知识技能的储备，了解组织文化等。尤其要做好职业考查。职业考查是指收集并分析有关职业生涯问题的信息，主要包括自我测评和环境考察两个方面。职业考查的目的在于帮助人们提高自我认知和环境认知的能力，从而制定适合自己的职业目标和职业发展策略。❶ 在做好职业考查时，需要在两方面推进。

一是要进行自我测评。自我测评就是对自己进行全面的分析从而为自己定位。自我分析的内容包括自己的兴趣、爱好、特长、性格、学识等进行分析。在职业规划过程中，自我测评能够带来许多积极的影响。对干部人才来说，自我测评可以促使人们审视过去所做的职业选择，评估这些选择的效果，并据此引导以后的职业选择。干部人才可能会通过自我测评做出职业变动的决定或者尝试新的工作任务、挑战更为艰巨的工作。

二是环境考察。在有效的职业生涯管理中，自我测评是一个必不可少的因素。然而，在现实生活中，大部分领导人才已经对自己有了较为准确的分析和定位，因此，环境考查对干部人才来说更为重要。职业生涯深深根植于各种职业、工作和组织中，要想使自身价值得到体现，使自己的才能有用武之地，就要认真、深入地分析环境的特征和发展趋势，科学地规划自己的职业。近年来社会的快速变迁、科技的高速发展、市场的竞争加剧以及组织结构的急剧变化都对领导人才的职业发展产生了重大影响。

同时，职业发展必须有明确的方向与目标。哈佛大学曾开展过一项长达25年的研究，研究对象为一群在智力、学历、生活环境等方面都极为相似的年轻人。调查结果显示，调查对象中3%的人现处于各行业的顶尖位置，他们在25年前即有明确且长期的目标；10%的人现为社会的重要人士，25年前他们曾有明确的短期的目标，如医生、律师等；60%的人几乎生活在社会中下层，25年前他们目标模糊；而25年前没有目标的人现在则几乎生活在社会底层。❷ 职业目标的设定一般需要有短期目标和长期目标，一般认

---

❶ 姚裕群，曹大友：《职业生涯管理》[M]．2版．东北财经大学出版社，2012，第252页。
❷ 杜林致：《职业生涯管理》[M]．上海交通大学出版社，2006，第237—271页。

为，5～7年为长期，1～3年为短期。❶ 长期职业生涯目标的实现有一个过程，需要将大的、长远的目标，逐渐分解为小的、短期的目标，在逐步实现短期目标的基础上，不断接近长期目标。

(b) 职业发展期　这一阶段的干部人才的主要任务在于处理事业与家庭的冲突。有学者提出，公共部门女性宜稳固自己在部门中的地位；思考或评价职业对自己发展的意义，抑或做出新的职业选择决定；学会使用权力的技能技巧等。❷ 干部人才在职业发展期的主要应对策略有以下几点。

延时工作策略。延时工作策略，即决定在自己的工作中投入大量的时间和精力。这有很多潜在的好处：首先，增加工作时间会有助于提高本职工作的绩效；其次，延时工作可以增加领导和同事了解其工作态度的机会。生活中通过较长时间的延时工作而获得职业成功的实例不在少数。

机会拓展策略。干部可以在工作的同时，通过一些活动或努力，获得与他人交流自己兴趣和志向的机会，获得了解和尝试与自身志向相符的工作机会。这些活动不仅有助于增加干部的职业生涯选择机会，而且也便于干部更好地选择和实现自身的职业生涯目标。

形象塑造策略。形象塑造策略，即通过交流，使别人了解自己可被别人接受的能力和成功的潜力，特别是接受并完成任务的能力，以便在组织内外树立起自己的声誉。这一策略是用来传递成功和胜任的姿态的。❸ 对于干部人才来说，塑造良好的形象和声誉具有关键性意义，因为一般都认为，一个人过去的经历和成就在很大程度上预示着此人未来的绩效和任命。因此，当领导人才致力于建立强有力的个人工作声望时，也就加大了自己得到晋升重用的可能性。

(c) 职业消退或离职阶段　在此阶段，干部人才面临从职业院校消退的命运，宜充分认识和接受离开工作岗位的现实，及时调整个人的思维、情感及生活方式，将工作中的自我转换为生活中的自我，并利用自身在职业院校中服务的技能与经验，投身于社会生活，为家庭、家族、邻里及社区的友好生活提供帮助。

---

❶ 姚裕群，曹大友：《职业生涯管理》[M]. 2版. 东北财经大学出版社，2012，第254页。
❷ 冉娟：《公共部门女性职业生涯发展研究》[D]. 大连理工大学，第2006页。
❸ 姚裕群，曹大友：《职业生涯管理》[M]. 2版. 东北财经大学出版社，2012，第255页。

c. 家庭生活管理　每个人的职业生涯都与家庭生活有着密切的联系。个人与家庭在并行发展,职业生涯的每一个阶段都与家庭息息相关,或冲突或协调。由于全球化组织的产生以及其他环境因素的影响、信息技术的发展以及职业院校竞争的加剧,干部日益感到工作正在逐步侵蚀自己的个人生活。因此,平衡工作需求和个人生活需求是干部面临的主要挑战。

工作与生活冲突是诱发压力的因素之一。大量研究证明,当工作与生活相冲突时,工作满意度将会降低,也会使生活满意度随之降低。还有学者指出,如果工作与生活的平衡被破坏,会对夫妻关系造成显著的负面影响。如果因一方在工作上投入大量的时间和精力而发生冲突,则对双方关系是极大的损害。面对上述诸多问题,组织可以采取一些措施和方法,如设计工作场所和工作岗位、工作家庭平衡计划等,来帮助干部重新找到平衡,甚至达到工作与生活相促进。

5.5　其他对策

5.5.1　加强理想信念教育

党员、干部的理想信念状况关系党在人民心目中的形象,关系党的创造力、凝聚力和战斗力,关系党和国家事业的兴衰成败。习近平总书记在党的十九大报告中强调:"要把坚定理想信念作为党的思想建设的首要任务,教育引导全党牢记党的宗旨,挺起共产党人的精神脊梁,解决好世界观、人生观、价值观这个'总开关'问题,自觉做共产主义远大理想和中国特色社会主义共同理想的坚定信仰者和忠实实践者。"❶ 学习贯彻党的十九大精神,在党员、干部教育培训中加强理想信念教育,需要做好以下工作。

5.5.1.1　准确把握理想信念教育的主要内容

开展理想信念教育,关键是要引导党员、干部把理想信念建立在对科学理论的理性认同上、对历史规律的正确认识上、对基本国情的准确把握上。为此,必须深入开展马克思列宁主义、毛泽东思想、邓小平理论、"三个代

---

❶ 本书编写组. 党的十九大报告学习辅导百问 [M]. 党建读物出版社, 2017, 第197页.

表"重要思想、科学发展观的教育,尤其要深入学习党的十九大精神、深入学习习近平新时代中国特色社会主义思想,使党员、干部真正领会贯穿其中的马克思主义立场观点方法,坚定对马克思主义的信仰,坚定中国特色社会主义道路自信、理论自信、制度自信、文化自信。同时,深入开展党史国史、社会主义发展史和世界历史的学习,帮助党员、干部了解党和国家事业发展的来龙去脉,深刻认识共产党执政规律、社会主义建设规律、人类社会发展规律,坚定共产主义必胜的信念。每一名党员都应当坚持不懈地学习,通过学习思考和党内生活锻炼,提高理论素养,增强党性修养,坚定理想信念。

5.5.1.2 发挥党校主渠道、主阵地作用

党校是我们党教育培训党员、干部的主渠道,是党性教育的重要阵地。按照中央的部署和要求,要把学习党的十九大精神、学习习近平新时代中国特色社会主义思想作为党校教育培训的必修课,组织开展相关教材修订工作,推动党的十九大精神进教材、进课堂、进头脑。在职业院校各类主体班次中都要把理想信念教育作为必修内容,定期开展需求调研,给出具体教学安排。以理论武装和党性教育为主要内容的专题班次,要紧紧围绕党员干部在理想信念方面存在的突出问题,有针对性地设置理论武装、党性锻炼、现场体验等教学模块,帮助党员干部夯实理想信念的思想理论基础。以提高能力为主要任务的班次,要有机融入理想信念教育的相关内容,把坚定理想信念与提高履职能力有机结合起来,既帮助党员干部增强领导改革开放和社会主义现代化建设的本领,又帮助党员干部牢固树立正确的世界观、人生观、价值观和权力观、事业观、政绩观。

5.5.1.3 增强理想信念教育的实效性

坚持务实管用原则,灵活运用课堂讲授、现场教学、典型示范、研讨交流、音像教学等方式方法,加强正面灌输、促进互动交流,增强理想信念教育的说服力、感染力。坚持既严谨又生动,善于运用党员、干部乐于参与、便于参与的方式,采取富有时代特色、体现实践要求的方法,在拓展广度、深度上下功夫。坚持理论与实践、历史与现实相结合,运用历史的、辩证的方法,讲透马克思主义真理的科学性,对错误观点要积极引导、及时辨析,

解疑释惑、明辨是非,引导党员、干部坚持中国特色社会主义不动摇。突出问题导向,紧紧围绕改革发展稳定面临的难点问题,党员、干部关注的热点问题,开展讨论交流,不断深化认识,厘清思想迷雾,增强政治定力。同时,要按规定进行党性分析,认真做好动员、组织、评议、总结等各个环节的工作,确保党性分析不走过场。

5.5.2 进行科学管理

5.5.2.1 集中管理

这是社会主义职业院校管理人才科学管理的重要原则。集中管理包括两方面的内容:一是指职业院校干部管理建设要实行集中统一的管理。以便协调全国各系统、各地区职业院校干部管理的工作,有目的地规划全国职业院校干部管理的发展,组织全国性的职业院校干部管理网。二是指职业院校干部管理工作的集中管理。

5.5.2.2 民主管理

这是社会主义职业院校干部科学管理的又一重要原则。所谓民主管理就是吸收职业院校的工作人员代表参加职业校园的管理工作。职业院校建立校长负责制的有干部和普通教师代表参加的民主管理组织。建立这个组织的目的是促进职业院校的科学管理,在职业院校管理中起着参谋作用。其任务如下。

a. 对职业院校工作提出合理化建议和改进意见。

b. 督促工作计划的执行。

c. 对专业人员的安排和使用提出建议。

d. 对领导干部的工作进行监督。

5.5.2.3 计划管理

这也是社会主义职业院校科学管理的重要原则。职业院校的计划管理就是要发挥工作计划在管理过程中的作用。工作计划是根据客观实际情况和工作任务的要求,预先确定开展工作的目标、措施和步骤以及方法等。工作计划可分为全校计划,部门计划或某一项工作的专门计划。制订工作计划必须从实际出发,留有余地。在执行计划的过程中要随着客观情况的变化对计划作出适当的修改。如果工作无计划,就不能有效地组织各种业务活动。因此，正确地制订和执行各种工作计划是职业院校科学管理中不可或缺的环节。

5.5.3 加强职业院校组织本身的合理化建设

职业院校组织执行应从职业院校设定合理的执行目标、创设有效的组织结构、完善组织执行流程和健全组织执行制度等建设性层面展开。

5.5.3.1 设定合理的执行目标

组织目标设置合理与否决定着组织未来发展的方向和动力，也是判定组织成功与否的重要标准。职业院校组织执行目标作为组织内部一切成员的行动指南，在职业院校干部进行组织决策、组织执行、任务分配、组织评价等组织管理工作方面发挥着重要作用，能够使包括职业院校干部在内的全体职业院校人员明确自身的组织价值和作用，加强职业院校组织的凝聚力和向心力。

第一，组织执行目标的层次性和多样性。职业院校在目标设定过程中要综合考虑各组织层级成员的特质和能力，在职业院校整体组织目标下设置分级、分层目标，推动职业院校组织目标系统的建立和实现。

第二，组织执行目标的时限性。职业院校要为组织目标设置一定的期限范围，并保证该期限的紧迫性和现实性，根据帕金森的"工作会延展到填满所有的时间为止"定律，没有时限的目标将永远是一项无法完成的工作。因此，需要根据职业院校干部的一般工作效率和劳动强度进行工作期限的合理设置，有效避免职业院校人员在任务过程中出现拖延和逃避现象。

第三，组织执行目标必须具有实现的可能性和一定的挑战性。极度困难或无法实现的目标会使绝大多数的职业院校干部产生抵触感、抗拒甚至产生挫折感，造成人力资源的浪费。与此同时，过于简单的组织目标也无法有效发挥激励作用和有效价值，具有一定挑战性的目标，才能够带给职业院校干部成就感和被认可感。

第四，组织执行目标的设置要有弹性。组织执行目标是对组织未来发展状态和方向的预测，未来环境的不确定性特征要求职业院校干部对组织执行目标进行不断反馈和调整，通过对抽象化长期目标的修正和完善，处理好组织短期目标和长期目标的关系，使长期目标的实现建立在具体目标达成的基础上。

5.5.3.2 创设有效的组织结构

组织结构是组织内部纵向各层次工作群体、横向各个部门设置及其关系的综合，分为横向专业部门、纵向等级系统和协调机制三大部分。职业院校组织执行结构能够为职业院校干部提供整个管理系统的"框架"，保证职业院校所有人员在相应的组织框架内完成任务和工作，形成分工有序和统一领导的组织局面。职业院校组织结构的合理创设，需要明确工作部门化、命令链和管理跨度三部分内容。

(1) 部门化　部门化是指把联系紧密的管理活动集中在统一管理部门的操作。常见的职业院校部门组织执行机构主要有两种类型。第一种，按照职能划分的职能组织机构。当前我国许多职业院校内部普遍设置有教务处（部）、学生处（学生工作部）、科研处、人事处、计财处、后勤集团等行政职能部门。第二种，按照学科划分的学科组织机构。根据科学知识的基本体系，在职业院校内部按照学科及其下设专业设置若干教学院（系、部），作为开展教学和科研活动的主要场所。保障两种类型部门机构的合理安排，对职业院校干部明确组织层级和组织能力范围具有重要意义。

(2) 命令链　命令链是一种从组织最高层扩展到最基层的不间断权力路线，旨在明确组织内部的权力服从关系。职业院校组织命令链的设置需要回答学校成员两个问题：谁对我负责？我对谁负责？对于职业院校中层管理人员而言，命令链规定了管理职务的责任和上下级关系，其双向性特征要求职业院校干部既要对上一级领导报告，又要对教师和学生负责。而统一指挥的特征则保证了职业院校干部职权行使的连续性和不受损坏性，使职业院校干部合法合理行使组织权力。

(3) 管理跨度　管理跨度是管理人员有效指挥下属的数量。职业院校中层管理人员的管理跨度决定着干部队伍的层级数量，两者成反比。对职业院校组织管理跨度的确定往往需要综合考虑组织效率、组织管理费用、管理人员和被管理人员数量、授权状况以及权力距离等要素，具体问题具体分析。当前，我国正在加速体制改革，职业院校也通过简政放权，扩大管理幅度，尽量克服权力过分集中的问题，提升学校在市场经济中的活力和适应能力，适应社会发展的需要。但是，也有部分规模较大的高等学校，正在进行减小管理幅度的尝试，通过增加"学院"层次机构，助力于校、院、系三级管理模式的形成。

5.5.3.3 完善组织执行流程

建立标准化、规范化的职业院校组织执行流程体系和机制，需要落实质量管理理念和过程管理模式，在职业院校管理过程中贯彻质量管理理念，通过确定职业院校组织的质量方针、目标和职责，以质量体系中的管理流程来实现其全部管理活动。根据戴明的 PDCA 循环（戴明环）（如图 5-1），把职业院校组织流程机制的质量管理分为四个阶段，即计划（Plan）、执行（Do）、检查（Check）、处理（Act）。职业院校中层管理人员各项管理工作的开展都需要按照出计划、计划实施、检查实施效果、效果反馈的顺序进行，然后将成功的纳入标准，不成功的留待下一循环去解决，保证管理组织执行过程的准确性和有效性。

5.5.3.4 健全组织执行制度

职业院校制度作为职业院校所有人员共同遵守的办事流程和行动准则，具有指导性、约束性、程序性和规范性的特征，对职业院校中层管理人员组织执行能力的范围和程度起着严格规范和明确的作用。职业院校制度的建立具体包括以下几个方面。

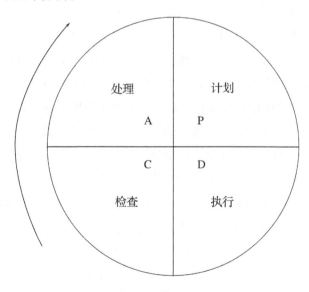

图 5-1 戴明环

(1) 改善职业院校信息沟通机制　信息沟通机制包括信息生产、信息传输和信息接收三个环节。目前，我国职业院校信息生产机关多集中于职业院校的行政管理机构，具有多元化、双重性的特征，在信息传递中往往扮演着信息传递者和生产者两种角色。信息传输作为信息沟通最关键的环节，主要通过职业院校的党办和校办、宣传机关和专职信息机关进行传输，这一环节能否顺利完成主要取决于职业院校干部能否扮演好中间传递者的角色，需要干部凭借各种宣传渠道和方式，实现对信息的上传下达。信息的接收是信息传递的最后一个环节，需要信息接收者根据信息做出一定的反应，以反馈的形式实现信息的回流。职业院校信息受众多为学生，需要职业院校干部及时把握学生对信息的理解和行动反应状况。

对职业院校信息传递和沟通系统的优化需要注意以下几个方面：

一是推动办公自动化和信息化，充分利用网络信息传播平等化、快捷化、实时化、互动化和表现形式立体化等特点，拓宽信息的传播渠道，提高信息的公开化程度。

二是加强信息流通系统的检查和反馈，确保信息的准确传达和畅通无阻，避免信息失真和迟滞现象。同时，要注意利用学校现有的信息途径听取和吸纳不同部门、不同层级、不同院系、不同职级执行主体的意见和建议，调动各执行主体参与信息沟通的积极性和主动性。

三是进行职业院校行政体制去行政化改革，推动职业院校组织的扁平化发展，不断增强职业院校中层管理人员的民主和服务意识，在职业院校中形成崇尚知识和科研的氛围，实现学生全面发展的根本教育目标。

(2) 强化职业院校监督体制建设　由于职业院校干部对管理任务理解不足、受执行环境约束和不法利益驱动等相关因素影响，极易产生职业院校干部组织执行偏差与低效、违法与违纪等情形。鉴于此，为了保障职业院校干部的组织执行效果，必须建立其针对执行流程和执行结果的监督体制，对整个组织执行过程实施监督控制，有效纠正组织执行过程中显现的失误与偏差，保证管理任务组织执行的效果和质量。一方面，实行严格的督办机制和问责制度，落实公开承诺制，全面推进职业院校二级机构的信息公开制度建设，加强群众监督和舆论监督力度，增强岗位承诺、实际事项承诺和监督办理力度。通过检测、调研、座谈、暗访等方式，加强对学校中心工作、重点工作以及师生反映的热点难点工作的调查和整治，对不执行、乱执行等低效管理问题进行有效遏制，对相关负责人和有关人员进行责任追究。另一方面，要构建起科学完善且高效的监管机制体系，保证职业院校干部各项任务都能在监督机制和监管体系的指引下执行，既不受到有关利益部门的妨害与干预，也不能使监督权下放，出现既做裁判员又做运动员的一体化执行现象；构建多元化监督途径，利用学校网站和广播媒体等舆论监督途径对职业院校干部的行政事务和管理事项进行有效监督；鼓励全校师生参与监督，做到勇于监督、乐于监督和善于监督，维护广大师生的发展权益；坚持上级监督、同级监督和下级监督的结合，第一，上级对下级的监督应遵循公平公正的原则，不定期对下级组织管理工作进行监察和考评，综合职业院校干部在日常组织工作中取得的绩效和各个层级的监督意见，进行多角度、多方位的全面监督。第二，鼓励同级间的相互监督，对有效监督者授以一定的物质奖励，并以匿名监督的方式保护同级监督者的监督权益，避免由碍于面子和关系引发的不监督现象。第三，针对下级监督环节比较薄弱的问题，职业院校应给予下级监督方式一定的关注和重视，通过设置独立于行政权力机关的监督意见收集机构，在职业院校组织内部营造出鼓励监督、敢于监督的氛围，赋予职业院校广大师生更大的话语权。

参考文献

[1] 唐小兵. 高校干部教育培训项目管理研究［M］. 武汉：武汉大学出版社，2018.

[2] 陈雪玲，魏寅. 高校管理案例与启示（第二辑）［M］. 武汉：华中师范大学出版社，2018.

[3] 韩强. 高校干部队伍建设研究［M］. 成都：四川教育出版社，2009.

[4] 赵雪梅. 美国高校行政管理探究——武汉大学 2017 年青年管理干部出国研修成果集［M］. 武汉：武汉大学出版社，2017.

[5] 李晓红. 高校师资管理新探第 16 辑［M］. 上海：东华大学出版社，2015.

[6] 荣仕星. 高校行政管理实例分析［M］. 北京：中央民族大学出版社，2019.

[7] 孙支南，黄伟群. 高校基层党支部工作指南［M］. 广州：广东高等教育出版社，2018.

[8] 朱德友. 高校人事管理研究论文集（2015）［M］. 武汉：武汉大学出版社，2015.

[9] 赵耿毅. 高校领导干部经济责任审计指南［M］. 北京：中国时代经济出版社，2011.

[10] 卿助建，黄煜欣，秦海宁. 职业院校中层干部管理能力［M］. 北京：北京理工大学出版社，2021.

[11] 马莉. 高职院校执行力研究［M］. 成都：西南交通大学出版社，2017.

[12] 周建松. 优质高职院校建设指南［M］. 杭州：浙江工商大学出版社，2017.

[13] 刘国生. 高职院校转型跨越发展——谋略与路径［M］. 广州：广东高等教育出版社，2017.

[14] 周建松. 高等职业院校人才队伍建设理论与实践［M］. 杭州：浙江工商大学出版社，2014.

[15] 周建松. 高水平高职院校建设导引［M］. 杭州：浙江工商大学出版社，2018.

[16] 中国教育国际交流协会. 高职院校领导海外培训项目 2012 年论文及专题报告集［M］. 北京：商务印书馆，2013.

[17] 王振洪. 高职院校管理文化及其创新策略研究 [M]. 杭州：浙江大学出版社，2017.

[18] 占挺，阚雅玲，黄雪薇. 管理技能与领导力 [M]. 上海：上海财经大学出版社，2015.

[19] 胡延华，等. 高职院校机制改革与创新研究 [M]. 武汉：湖北科学技术出版社，2006.

[20] 赵乐天. 高校领导干部胜任素质研究 [M]. 大连：大连海事大学出版社，2019.

[21] 马俊杰，等. 高校领导团队能力建设研究 [M]. 北京：中国人民大学出版社，2010.

[22] 王再新，胡桂彬. 高校领导干部兼职治理研究 [M]. 湘潭：湘潭大学出版社，2016.

[23] 郭大成. 高校领导体制的研究与探索 [M]. 北京：北京理工大学出版社，2014.

[24] 王渊. 高校领导方法与艺术 [M]. 兰州：甘肃文化出版社，2001.

[25] 朱玉泉. 构建和谐校园与高校领导创新 [M]. 武汉：华中科技大学出版社，2008.

[26] 中共贵州省委组织部，中共贵州省委教育工委组. 新形势下高校领导班子建设探索 [M]. 贵阳：贵州人民出版社，2008.

[27] 申文杰. 高校意识形态工作领导权话语权研究 [M]. 北京：光明日报出版社，2020.

[28] 赵乐天. 高校领导干部胜任力通用模型的构建与应用 [M]. 咸阳：西北农林科技大学出版社，2017.

[29] 余尚峰. 高校领导干部管理监督实效性研究 [J]. 今日财富，2019（20）：147-148.

[30] 司成伟，江苏海洋大学. 浅析"三全育人"理念下高校领导干部管理育人意识提升和能力培养 [J]. 中华志愿者，2021（8）：54-55.

[31] 覃秋桃. 论"三严三实"对强化高校领导干部管理的指导意义 [J]. 中文信息，2016（1）：152，387.

[32] 刘道平. "去行政化"背景下高校领导干部管理制度改革思考 [J]. 出版与印刷，2016（3）：6-8.

[33] 齐亚丽. 高校领导干部管理理念探析 [J]. 山西高等学校社会科学学报，2006，18（7）：130-132.

[34] 薛茂男. 高校党员领导干部兼职管理的困境与对策 [J]. 知识文库，2019（21）：248-249.

[35] 葛晨光，秦鹏鸣. 推进高校领导干部能上能下常态化管理探析 [J]. 学校党建与思想教育，2020（20）：22-24.

[36] 谢新水, 刘涵慧, 严文蕃. 高校管理干部的领导行为、领导风格和领导技能分析——以北京市属高校的管理干部为调查对象 [J]. 大学教育科学, 2014, 2 (2): 33-38.

[37] 刘静, 孟新, 李吉海. 高校党员领导干部兼职管理的困境与对策 [J]. 高等建筑教育, 2014 (2): 152-156.

[38] 彭长华. 规范高校干部管理制度建设提高干部的领导能力和领导水平 [J]. 辽宁行政学院学报, 2008, 10 (6): 71-72.

[39] 石祥. 高校管理模式嬗变中领导干部的角色定位 [J]. 江苏大学学报（高教研究版）, 2006, 28 (1): 55-59.

[40] 许荣华. 建立健全高校领导干部监督管理机制的思考 [J]. 思茅师范高等专科学校学报, 2001, 17 (4): 50-52.

[41] 方茂田. 谈谈高校领导干部的素质、修养和在管理中的作用 [J]. 国际商务: 对外经济贸易大学学报. 1990 (6): 64-66.

[42] 宋焕斌. 通过开展"管理年"活动加强高校领导干部的作风建设 [J]. 才智, 2013 (12): 132.

[43] 蒋丰伟. 浅谈高职院校领导干部的考核理念 [J]. 人才资源开发, 2020 (15): 24-25.

[44] 林小娜. 高职院校后备干部队伍建设存在的主要问题 [J]. 文学教育, 2019 (1): 155-156.

[45] 谢时研. 加强高职院校领导班子建设——以湖南为例 [J]. 党政干部学刊, 2019 (6): 32-37.

[46] 曾宪章. 提升转型期高职院校中层干部能力素质和领导艺术的思考 [J]. 湖北经济学院学报（人文社会科学版）, 2015, 12 (12): 15-16, 19.

[47] 徐挺. 试论高职院校干部的压力管理 [J]. 长江大学学报（社会科学版）, 2011 (12): 127-128.

[48] 张喜春. 浅谈高职院校领导干部素质培养 [J]. 科技创新导报, 2008 (28): 203.

[49] 龚冬梅. 职业教育人才培养中领导力教育研究与实践 [J]. 辽宁经济管理干部学院. 辽宁经济职业技术学院学报, 2020 (1): 119-121.

[50] 孟丽, 孟庆东. "双高计划"背景下高职院校中层干部队伍建设研究 [J]. 江苏建筑职业技术学院学报, 2020 (3): 57-60.

[51] 刘勇模. 完善高职院校领导干部选拔任用机制的思考 [J]. 产业与科技论坛, 2011, 10 (17): 251-252.